U0591353

本书为国家社会科学基金一般项目"我国农村互助养老模式问题及政策配套体系研究"（14 BSH 127）的研究成果。

农村互助养老模式研究

NONGCUN HUZHU YANGLAO MOSHI YANJIU

张岭泉　著

人民出版社

目　　录

第一章 导 论

随着人口老龄化发展进程的加速和社会保障水平的滞后，社会转型背景下的老年人群体，尤其是农村老年人群体的养老问题日渐凸显。在归纳总结国内外农村养老理论和实践的基础上，完善农村互助养老模式，应对农村空巢老人养老问题有着重要的理论价值和现实意义。

第一节 农村互助养老的相关概念界定与理论基础

一、农村互助养老的相关概念界定

本书中涉及农村互助养老的相关概念主要有：互助幸福院，农村互助养老，独居老人，院内老年人，院外老年人。

（一）互助幸福院

互助幸福院发端于河北省邯郸市肥乡县（今肥乡区，下文统称"肥乡县"）前屯村，2007年该村的一位独居老人去世后数天才被村民发现，而且老人的一个儿子并没有外出打工，只是没有和老人居住在一起。前屯村党支部书记开始思考把村中独居老人，不管其子女是否在外打工，只要是年满60岁、有自理能力的独居老人集中居住在一起，相互照顾，以避免类似事件再次发生。2008年8月，前屯村将闲置的小学教舍改建成免费供独居老人集中居住的第一家互助幸福院。① 这种模式一经推出，得到多村广泛响应和效仿并于2010年开始在肥乡县全面推行；截至2012年4月底，肥乡县已建成农村互助幸福院240家（包括联建25家），覆盖全县265个村，率先在邯郸市实现了全县覆盖。

（二）农村互助养老

关于农村互助养老的概念界定有很多，有些内容涉及面较丰富，但不够简练。例如，有学者将农村互助型社会养老界定为：将互助理念寓于社会养老之中，在政府的主导与帮扶下，发挥村民自治组织、社会组织、市场的作用，将以老年人为主的农村人力资源有序动员起来作为主要力量，通过多种形式为老年人提供资金、服务、文化等多方面互助的新型社会养老模式。② 从肥乡县互助养老模式中可以发现，农村互助养老之所以受到农村老年人的接受与地方政府的支持，是因为这种模式中包含了这样几个因素：一是集中居住。集中居住满足了空巢老人对精神支持的需求。二是离家不离村。老年人集中居住的幸福院离家比较近；即便是合建的幸福院，两个村庄距离较近，几乎连成一片，地理上和一个村庄差别不大，方便了老年人

---

① 参见张岭泉、吕子晔：《内生增能：农村社区空巢老年人养老功能的适应性调整及其支持对策》，《河北大学学报》2019年第1期。
② 参见刘妮娜：《农村互助型社会养老：中国特色与发展路径》，《华南农业大学学报》（社会科学版）2019年第1期。

往来于家和幸福院之间。三是物质方面的相互支持。从肥乡县的情况看，居住幸福院的老年人一般都各自携带米、面、油等，自己做饭；大家在公用厨房一起做饭时，常常相互分享食物，互通有无。在幸福院建成初期，入住老年人仅限于独居老人，后来扩大到空巢老人。如果条件允许，应该满足一切有意愿一起居住的老年人。因此，农村互助养老的概念可以界定为：农村老年人为了获得情感和相互照料方面的支持，在本村或邻村的幸福院与其他老年人集中居住的养老模式。

（三）独居老人

独居老人指的是独自一人居住生活的 60 岁及以上老年人。独居是因为丧偶且子女外出务工，或在本地没有共同居住，也可能是因为离异，或者终身没有结婚。独居老人是比空巢老人更弱势的群体，随着年龄的增长，身体或多或少都有这样那样的疾病，难免会有寂寞、忧郁、焦虑等负面情绪，生活上需要他人的服务照料，精神上需要给予支持。①

（四）院内老年人

院内老年人指的是调研时居住在农村互助幸福院的老年人，他们对互助幸福院运行中的优缺点最有发言权，本研究不仅对这个群体在互助幸福院的感受进行了定量研究，对其中的部分老年人还进行了深入的访谈，以了解更为详细和个性化的有关互助幸福院的认知。

（五）院外老年人

院外老年人指的是调研时没有居住在农村互助幸福院的老年人，他们或者从来没有入住过互助幸福院，或者曾经在互助幸福院居住

---

① 参见陈娟：《小组工作介入城市社区老年人卫生保健服务的实务探索》，硕士学位论文，青海师范大学人文学院，2018 年，第 21 页。

过。院外老年人是互助幸福院的潜在入住者，他们对互助幸福院的认知是完善互助幸福院软件建设和硬件建设的重要依据，为此，本研究考察了这个群体对互助幸福院多个层面的评价。

二、农村互助养老的理论基础

关于养老的理论有福利多元主义理论、马斯洛需求层次理论、社会支持理论、优势视角理论、嵌入理论、增权理论等。

(一) 福利多元主义理论

福利多元主义指福利的提供由多个部门共同完成，而不只是单一由政府负责；福利资金也由多个部门、多种渠道筹集。福利多元主义理论提出福利不能由国家包揽，福利的供给既不能完全依赖于政府，也不能全部取决于市场，福利应该由政府、市场、家庭等多个主体来供给。

福利多元主义理论出现于 20 世纪 70 年代。在第二次世界大战后，西方资本主义国家为维护其政治稳定，以建成福利国家为发展目标。英国率先建成福利国家，美国、瑞典等西方发达国家也先后建成福利国家。但这也使福利国家的财政负担逐渐加重。20 世纪 70 年代"石油危机"引发西方世界的经济危机，福利国家开始寻求变革，福利多元主义思想在此背景下产生。

1978 年，英国的沃尔芬德委员会报告（report of the Wolfenden Committee）——《志愿组织的未来》最早提出福利多元主义这个词语，并且认为志愿组织也是福利的提供者。较早对福利多元主义概念有明确阐述的有英国学者罗斯（Rose）。罗斯认为社会总福利来自家庭、市场、国家，他对社会总福利的划分也被称之为"福利三角"思想。

德国学者伊瓦斯（Evers）在前人研究的基础上修正"福利三

角"的范式，他采用了四分法的分析方式，认为社会福利的来源有四个：市场、国家、社区和民间社会。① 社区包含了家庭和社区中的非正式部门；民间社会包括民间的非营利组织、社会团体，其行为是志愿性质的。伊瓦斯非常注重民间社会在福利提供中的作用，他认为民间社会的力量成为政府、家庭、市场之间的联系纽带。值得注意的是：福利多元主义虽然提倡多方参与社会福利供给，但政府依然是提供社会福利的主要来源，起主导作用。

养老福利作为一项重要的社会福利，必然受到全社会的高度关注。英国在20世纪70年代末、80年代初开始变革福利供给制度，由国家包揽向供给方式多元化转变。英国提倡社区照顾的养老模式，积极发展民间非正式组织，促使其参与养老服务的供给。我国自改革开放后，进行了经济体制的改革，社会保障制度也发生了变化。2017年3月国务院发布了《"十三五"国家老龄事业发展和养老体系建设规划》，指出以居家为基础、社区为依托、机构为补充、医养相结合的养老服务体系初步形成。②

（二）马斯洛需求层次理论

美国学者马斯洛（Maslow）在其著作 *A Theory of Human Motivation Psychological Review* 中提出了人类需求层次理论。马斯洛将人的需求分成生理需求、安全需求、感情（归属感与爱）需求、尊重需求和自我实现需求五个层次。这五个需求按层次从低到高排列，在不同情境下，人们会特别追求某种需要的实现。

---

① 参见徐进：《一个简明述评：福利多元主义与社会保障社会化》，《西南石油大学学报》（社会科学版）2019年第3期。
② 国务院：《"十三五"国家老龄事业发展和养老体系建设规划》，2017年3月6日，见 http://www.gov.cn/zhengce/content/2017-03/06/content_5173930.htm。

老年人同样也有上述五个方面的需求。首先，老年人需要温饱、衣食无忧的生活，能满足最基本的生存。其次，老年人需要安全感，尤其是老年人身体机能衰退，作为社会中相对弱势的群体，更加需要安全保障。安全需求有住房的安全保障，有些农村的独居老人居住在危房中，存在安全隐患。再次，老年人特别是儿女不在身边的老年人，为排解孤独感，消除与社会生活渐行渐远的不适感，也特别需要与人沟通交往，获得归属感，满足感情需求。最后，老年人也渴望获得别人的尊重，实现自我价值。

（三）社会支持理论

社会支持指一个人通过社会联系，获得物质或精神上的无偿帮扶，这种社会支持可以来自家庭成员，也可以来自邻里、朋友、同事、社区及志愿组织等。社会支持理论基于单个人不可能独立于社会之外而生活这一依据。有些学者还将社会支持理论与社会网络理论相结合，形成社会支持网络理论，认为个人生活在各种社会关系相关联的网络中，并获得其中的支持。

追溯社会科学发展史，法国社会学家涂尔干在研究自杀现象与社会事实之关联时，曾对社会支持有过研究。通常来说，社会支持理论早先来自"社会病原学"，和个体的生理、心理相关联。① 社会支持理论已超过了当初的范围，扩展至社会学、社会工作等学科。在社会学领域，社会支持指的是社会对生活有困难者所提供的无偿救助和服务。②

---

① 参见林顺利、孟亚男：《国内弱势群体社会支持研究述评》，《社会工作下半月》（理论）2009年第11期。
② 参见姜向群、郑研辉：《城市老年人的养老需求及其社会支持研究——基于辽宁省营口市的抽样调查》，《社会科学战线》2014年第5期。

　　我国社会学学者李强认为：社会支持是一个人通过社会联系所获得的能减轻心理应激、缓解紧张状态、提高社会适应能力的影响。其中社会联系指来自家庭成员、亲友、同事、团体、组织和社区的精神上和物质上的支持和帮助。①

　　社会支持主要面向包括老年人在内的困难群体开展。学者林顺利、孟亚男认为社会支持包括四类：第一类是正式支持，包含政府提供的社会政策支持与非政府组织的支持；第二类是准正式支持，由社区提供支持；第三类是非正式支持，来自社会网络；第四类是专业技术性社会支持，即社会工作。②

　　我国学者姜向群、郑研辉对城市老年人的养老需求与社会支持进行了研究。他们认为：社会支持网络是指由与个体相关联的国家、群体和个人所组成的关系网络。个人通过这个网络获得经济、情感、照料等支持。老年人社会支持的内容具体包括经济支持、生活支持、精神支持、医疗支持等。③

　　（四）优势视角理论

　　优势视角理论是社会工作的专业理论，其理论基础有符号互动论、舒茨的现象学社会学。美国学者丹尼斯·撒勒比（Dennis Saleebey）在《优势视角：社会工作实践的新模式》中提出优势视角理论。④优势视角理论认为：每个人都应该得到尊重、实现价值，人

①　参见李强：《社会支持与个体心理健康》，《天津社会科学》1998 年第 1 期。
②　参见林顺利、孟亚男：《国内弱势群体社会支持研究述评》，《社会工作下半月》（理论）2009 年第 11 期。
③　参见姜向群、郑研辉：《城市老年人的养老需求及其社会支持研究——基于辽宁省营口市的抽样调查》，《社会科学战线》2014 年第 5 期。
④　参见党彬：《应届生就业挫折小组工作计划书》，硕士学位论文，华中师范大学社会学院，2012 年，第 11 页。

可以利用自身的优点和资源改变自身的处境，应对生活中的困难。优势视角反对社会工作者过分看重案主存有的问题，而要关注服务对象的优势。社会工作者所需要做的就是帮助案主发掘自身的优势、资源，促使案主能最终自主应对困难。抗逆力与赋权是优势视角理论的基本信念。抗逆力指人们在遇到挫折时会有激烈反应，人们可以超越自我、解决困难。[①]

（五）嵌入理论

美国经济社会学家格兰诺维特（Granovetter）在1985年的文章《经济行动与社会结构：嵌入性问题》中提出嵌入理论。他指出：个人既不是"社会人"也不是"经济人"，而是嵌入到社会关系中的理性人。格兰诺维特认为：行动者个人在实际生活中，虽然经过社会化的过程，但不可能对社会规则完全服从，个人有自己的主动性，有自己的行为动机；个人在生活中虽然谋求经济利益最大化，但也会受到社会人际关系的影响，以至于他并不总是遵循"经济人"法则。格兰诺维特在嵌入理论中阐明了人是嵌入在社会关系网络与社会结构之中。后来，嵌入理论又有所发展，有的学者提出"制度嵌入"。

（六）增权理论

增权理论就是希望帮助困难群体学习积极使用、控制有效资源，减少无权感，更加深刻地认识个体权利，促进困难群体主体意识的提升，进而能够参加影响他们生活的相关制度的决策，争取群体的合法权益，融入主流社会。[②]增权包括几个要素：一是获得一个更好

---

① 参见 Dennis Saleebey：《优势视角：社会工作实践的新模式》，华东理工大学出版社2004年版，第85页。
② 参见潘旦：《增权理论视角下农民工自组织的社交增权功能研究》，《浙江社会科学》2017年第7期。

的自我概念（self-concept）与自信；二是取得一种与我们的环境相
联系的更具批判性的能力；三是培育社会与政治行动所需的个人和
集体资源。

　　增权理论为把老年人作为互助养老主动的参与者和受惠者提供
了积极的应对策略，强调个体的主观能动性和潜能。增权并不仅仅
是"赋予"老年人权力，而且要求促进老年人积极参与养老的自我
观念的形成，通过挖掘或激发老年人的潜能来提高其行动能力。

第二节　农村互助养老的研究背景、目的及意义

一、研究背景

　　改革开放后我国社会进入转型期，城市化快速发展，人口老龄
化程度进一步加剧，家庭养老的功能逐渐退化，农村大量青壮年劳
动力进城务工，农村空巢老人养老面临服务照料和精神支持困境。

　　（一）我国社会进入转型期

　　改革开放后，我国进入社会转型阶段，社会各方面都发生着翻
天覆地的变化。经济的快速发展、产业结构的不断升级，城市化和
工业化的推进，使得城乡差距拉大。农村少子化和年轻人口流向城
市等多种因素导致农村总人口数量逐渐下降，老年群体所占比例不
断上升，农村空心化、家庭空巢化现象普遍，农村人口结构发生变
化。我国传统家庭养老功能被弱化的同时我国农村社会养老发展滞
后，农村地区的养老问题亟待解决。社会结构发生变迁，我国农村
家庭养老的内容和模式也发生相应的改变，李克强总理在十三届全
国人大一次会议上所做的政府工作报告中明确提出了"积极应对人

口老龄化，发展居家、社区和互助式养老"，将互助养老模式写进政府工作报告，表明互助养老模式是我国应对快速人口老龄化的重要途径。

（二）人口老龄化程度进一步加剧

我国于1999年末进入人口老龄化社会，截至2018年底，60周岁及以上的人口已达2.49亿，占总人口的17.9%，老龄化程度继续加深。"国家应对人口老龄化战略研究"课题中方案预测显示，到21世纪中叶，我国人口老龄化态势日益严峻。60岁及以上人口将达到峰值4.87亿（2053年），占总人口的34.8%；65岁及以上人口达到3.92亿（2057年），比重上升到28.6%；80岁及以上高龄老年人增加到峰值1.18亿（2055年）。[①] 与西方发达国家的老龄化过程不同，西方老龄化社会的到来是在经过工业化之后，经济发展达到了一个较高水平之后，生育率下降，人口寿命增长，老年人口比例不断增大。而我国的老龄化是"未富先老"，我国的经济发展刚刚起步，尽管经济总量排名世界第二，但人均GDP却属于中等发展水平，社会福利水平和社会保障水平还没有达到能够以社会养老的方式解决老年人遇到的一系列问题，家庭养老依然是我国最为依赖的养老形式。不断加深的老龄化程度与工业化、城市化和信息化叠加，我国的老龄问题尤其是农村空巢家庭的养老问题所面临的挑战和风险更具有严峻性、复杂性和紧迫性。

（三）子女的孝道观念淡化

孝道是随着人类自身再生产而自然产生的亲亲之情，它表现为

---

① 参见李培林等著：《2017年中国社会形势分析与预测》，社会科学文献出版社2016年版，第307页。

纵向血缘关系中晚辈对长辈各种行为规范观念体系的总和。尊老敬老是我国的传统美德，在家庭层次上表现为孝养父母；在社会层次上表现为尊敬和礼让老年人。20 世纪的我国经历了一系列重大历史事件，加速了我国的社会变迁，同时也影响了家庭养老赖以存在的基础——孝道。1919 年的"五四运动"中，受到西方思潮强烈影响的青年知识分子们认为儒家思想的价值观念、家庭道德是我国贫穷落后的根源，并提倡自由恋爱、性别平等、性自由。这个时期被认为是我国的"文艺复兴"时期，随着古代汉语被白话文的替代，儒家思想随同孝道一起逐渐不合时宜。1949 年中华人民共和国成立后，许多传统的家庭习俗被认为是"封建的"和落后的，1955—1957 年时期的社会主义改造同样削弱了父母的权威，因为国家掌控着社会财富，父母失去了子女成长所依赖的资源。在"文化大革命"中，家庭纽带和责任被弱化，我国传统文化的孝道被彻底批判。1978 年开始的改革开放在给我国带来先进的科学技术和管理经验的同时，也带来了西方社会推崇的个人主义价值观念，父母与子女两代血缘亲情以及尊老观念淡化。而加速孝道观念淡化的原因是家庭中老年人对资源，尤其是知识和财富掌控能力的下降，子女获得知识的渠道不仅仅限于父母，甚至不主要依靠父母，他们更多的知识来源于学校、互联网等；依靠更多知识和技能的掌握，他们有可能获得更多的经济收入；使子女对父母的依赖性降低，对社会的依赖性增强，父母不再是家庭的重心。

（四）农村传统养老方式的支持力下降

家庭养老是我国农村的传统养老方式，子女为老年父母提供物质支持、精神支持和服务照料。随着少子化现象突显和农村大量青壮年人口流向城市，老年人除了可以获得更多的物质支持外，子女在提供精神支持和服务照料方面已经是心有余而力不足。

由于居住方式和生活节奏的加快，即便是留在老年人身边的子女提供的养老支持也不比从前。过去的农村，老年人与子女居住的空间距离是比较小的。一种情形是老年人与子女（通常是儿子）共同居住在一个院子里，另一种情形是老年人不与成家的儿子住在同一个院子里。这时老年人同子女的院子或者前后相连，或者距离很近。这种居住方式增加了父母与子女见面的机会，无论是合住还是分住都不会对子女与父母间的情感交流造成困难，也为子女提供服务照料支持提供了方便。

另外，生活节奏的加快使子女无暇顾及对老年父母的支持。快节奏的生活过去通常用来描述城市人的生活，现在，随着农村机械化水平的提高，大量劳动力被解放出来，他们可以在农忙时节之外从事商业活动或者到附近企业打工，过着与城市人相同节奏的生活。快节奏的生活可以给农民带来更多的经济收入，但给老年人提供的精神支持和服务照料却相应减少，老年人不得不从其他渠道寻找解决问题的途径，这也是农村互助养老模式，或者说是农村老年人抱团养老模式产生的背景之一。

（五）农村独居空巢老人养老风险加大

农村独居空巢老人属于风险人群的原因有两个：一个是老年人的居住方式；另一个是老年人的身体状况。由于子女外出打工或者没有和子女共同居住，一旦老年人生病，尤其是类似心脏病等爆发，急需他人在场紧急救护或者求救他人救护，如果无人依靠，不能在第一时间得到救治，丧失最佳治疗时机，会有生命危险。笔者从前期的调研中发现，被访老年人的身体状况多数都患有这样或那样的疾病，80.0%的老年人患有老年人常见病，如脑血栓、糖尿病、骨质疏松、高血压、气管炎、骨刺、腰椎间盘突出、心脏病等。其中患有高血压的占 53.3%，患心脏病的占 26.7%。一方面患有心脏病、脑血栓、高血压的老年人生活上需要身边有人日常照护；另一方面这些常年患病的独居老人却无人可依，使农村独居空巢老人成为一个高危人群。媒体经常有报道独居老人病死在家中多日以后才被发现的事件，为防范此类悲惨事件发生，人们尝试了多种途径使高危老年人群能够处于监控范围之内。例如，河北省平山县景家庄村的老年协会把全村划分为 9 个片区，每个片区由片长负责老年人突发疾病的紧急救助。这种方式可以避免老年人病死在家中多日不被发现的惨剧，但无法保证老年人在疾病突发时能够在第一时间得到救助；因为片长是志愿者，不是全职的工作人员，无法全天候对老年人进行关照。农村互助养老可以把老年人集中在一起居住，进行面对面的相互照护，一旦有老年人突发疾病，可以进行紧急呼叫，如果互助幸福院能够与农村卫生所合建在一起，或者与乡卫生院、县医院建立起绿色通道，老年人被得到及时救治的机会增大，治愈的可能性会得到提高，降低突发疾病导致死亡的概率。

（六）政府高度重视农村养老事业

2019 年 1 月，《中共中央 国务院关于坚持农业农村优先发展做好"三农"工作的若干意见》中提出全面提升农村社会保障、养老等公共服务水平，加快推进城乡基本公共服务均等化步伐，其中强调要建立老年人关爱服务体系，支持发展多层次农村养老事业。[①] 为保证顺利完成到 2020 年承诺的农村改革发展目标任务，全面推进乡

---

① 中共中央、国务院：《中共中央 国务院关于农业农村优先发展做好"三农"工作的若干意见》，《中华人民共和国农业农村公报》2019 年 2 月 20 日。

村振兴，需要进一步完善农村互助养老模式，解决农村老年人就地养老的问题。

（七）农村互助养老模式亟待完善

农村互助养老模式始于河北省邯郸市肥乡县前屯村，2007年村党支部书记蔡清洋开始思考把村中独居老人安排在废弃的小学集中居住，情感上相互慰藉，生活中相互照料，避免老年人突发疾病无人知晓，尤其是病死在家中的悲剧发生。这一模式实践后得到了肥乡县政府的重视和认可，开始在全县推广，并在2012年实现了村村都有互助幸福院的全覆盖。民政部在此后的数年中，向全国推广肥乡县的经验，河北省2011年发展目标是全省实现20%的覆盖，到2015年达到50%。全国各地到肥乡县参观学习的人次不少于7 000，各省掀起了兴建农村互助幸福院的高潮。2017—2018年，笔者先后走访了河北省和陕西省的20多个乡村，专门考察互助幸福院的运行情况。发现现有的发展状况不容乐观，有些幸福院虽已建成，但电线还没有接通，室内还没有装修，成了烂尾工程。有的幸福院虽已运行，但入住老年人不多，甚至没有老年人。有的幸福院改变了原来的运行方式，不再是老年人相互照料，而是雇用了工作人员照料老年人，变成了养老院。一种曾经被人们普遍看好的农村养老模式为什么遭遇冷落，是幸福院需要的资金链断裂，还是幸福院无法满足农村老年人的养老需求，抑或是人们的家庭养老观念根深蒂固，尚未改变，认为入住幸福院就是意味着子女不孝，给子女抹黑。互助养老模式的实践不是几位老年人简单地生活在一起，其中涉及幸福院每年数万元的运行费用，村集体能否持续地长期给予支持，如果不能，国家是否有相应的政策从财政上列支。老年人除了精神慰藉之外，最令他们担忧的是疾病以及生病后是否有人服务照料，在这方面，幸福院能够在多大程度上给予满足也是老年人考虑是否入住的一个重要原因。随着我国城市化和工业化进程的快速发展，农村大量青壮年到城市打工，农村空巢老人逐年增多，而在国家尚未建立起完善的养老制度前提下，探索一种或多种适合老年人的互助养老模式，成为解决 1 亿多农村老年人养老问题的重大课题。

二、研究目的

农村互助养老模式研究旨在解决养老事业发展不平衡问题以及多个人群的养老问题。

（一）解决养老事业发展不平衡问题

党的十九大报告在表述社会主要矛盾转化中突出了发展的"不平衡不充分"问题，不平衡包括城乡之间的经济社会发展不平衡以及不同区域之间的发展不平衡，也应该包括不同群体之间发展的不平衡。农村空巢老人的养老问题突出体现了城乡之间和不同人群之间的两个不平衡。应对农村空巢老人问题，探索一条适合农村空巢老人的养老模式，是满足人们追求美好生活的需要，是振兴农村战略的重要环节。自中华人民共和国成立后，特别是改革开放后，我国农业和农村发生了历史性的深刻变化——农民收入增加，农村教育条件得到改善，农村经济社会发展取得了举世公认的伟大成就；但是，制约农业和农村发展的深层次矛盾尚未消除，城乡之间发展存在较大差距，促进农民持续稳定增收的长效机制尚未形成，农村经济社会发展滞后局面也没有根本改变，统筹城乡发展的体制机制没有完全建立起来。①

---

① 参见毛隽、毛林根：《论工业化进程中城乡一体化制度创新》，《辽宁大学学报》（哲学社会科学版）2011 年第 1 期。

（二）解决多个人群的养老问题

全面建设小康社会，最艰巨、最繁重的任务仍然在农村；"三农"依然是我国全面建设小康社会的"重中之重"。探索适合农村的空巢养老模式，解决的不仅仅是现有农村空巢老年群体的养老问题，也是所有农村老年人的养老问题，同时也是将要步入空巢老人行列的农村年轻人的问题。

三、研究意义

农村互助养老模式的研究既有一定的理论价值，也有一定的现实意义。

（一）理论价值

其一，丰富农村养老模式。随着老龄化进程的加快，老年群体尤其是农村老年群体面临家庭养老功能的弱化，在农村社会养老保障制度不健全的现实情况下，存在各种需要迫切解决的养老问题和困境，因此，寻找和建立满足不同老年群体的多元化养老模式成为我国社会发展的当务之急。

其二，完善互助养老模式。河北省肥乡县互助养老作为一种农村养老模式自2012年开始在全国推广，经过多年的实践之后，各地建立的农村互助幸福院运行状况参差不齐，探讨该养老模式实践中的优势和不足，有助于使其不断完善成熟，更好地应对不断加速的农村老龄化趋势。

（二）现实意义

其一，解除外出务工子女的后顾之忧。我国约有2亿流动人口，流动人口中绝大多数是青壮年，他们把4 000万老年人留在了农村，无法为老年人的服务照料和精神慰藉提供支持，农村互助养老模式的完善可以解除外出务工子女的后顾之忧，使他们安心工作。

其二，提升农村公共服务水平。2019年1月，《中共中央 国务院关于坚持农业农村优先发展做好"三农"工作的若干意见》中提出全面提升农村医疗卫生、社会保障以及养老等公共服务水平，加快推进城乡基本公共服务均等化水平，其中强调要建立老年人关爱服务体系，支持发展多层次农村养老事业。完善农村互助养老模式就是要探索适合农村老年人的养老方式，使老年人能够安度晚年，解除进城务工子女的后顾之忧，助力推进乡村振兴，确保顺利完成到2020年承诺的农村改革发展目标任务。

其三，为解决城市老年人养老提供借鉴。尽管城市机构养老发展较快，解决了部分老年人的养老问题；但更多的老年人更愿意住在自己熟悉的环境里，只是在失去生活自理能力后不得已入住养老机构。农村互助养老的研究可以为建立城市互助养老模式提供经验借鉴。

第三节　农村互助养老模式的发展与研究综述

一、国内农村互助养老模式的发展与相关研究现状

国内农村互助养老模式的发展大致可以分为古代和现代两个阶段；农村互助养老模式的研究包括案例研究、视角分析和问题分析三个维度。

（一）农村互助养老模式的产生和发展

农村互助养老经历了两个阶段：古代农村互助养老的产生和发

展，现代农村互助养老发展。

1. 古代农村互助养老模式的产生和发展

农村互助养老将社会养老和居家养老的方式进行有机结合，是介于居家养老和纯社会养老之间的一种先进的养老模式。事实上互助养老在我国已经有了很长的发展历史。最早的记载源自西周，《周礼》记载："异居而同财，有馀则归之宗，不足则资之宗。"[①] 到了汉代，平民之间实行宗族组织，民间互助养老的活动开始逐渐增多。宗族内开始将"赈赡匮乏"的互助养老活动实施成为一种常态化活动。东汉的《四民月令》对此现象有记载："三月，是月也，赈赡匮乏，先务九族，自亲者始。"[②] 除了这种宗族内相互帮助的形式之外，根据《汉侍廷里父老僤买田约束石券》佐证，汉代的老年人还开创了通过集资，购买田地为老年人服务的现象，这也是一种将养老责任置于老年群体内部，开创了由老年群体内部自我服务的养老先河。[③] 到了唐代，政府"补给侍丁"制度的实施进一步激发了宗族内部赡养老年人的积极性。"农社"就是依靠地缘关系，将临近的家庭组织起来，以大集体保证小家庭在遭遇困难时能够得到成员间的互助。在农社的创立之初，其主要的目的是帮助老年人，尤其是没有后代的老年人解决养老问题，古书对此也有记载："农民在'丁壮'之时，虽可以耕种过活，但老弱以及'鳏茕'者，则恐无以为

---

① 丁鼎著：《〈仪礼·丧服〉考论》，社会科学文献出版社 2003 年版，第 133—134 页。
② 王勇著：《论汉代下层民众的互助活动》，《中国社会经济史研究》2009 年第 1 期。
③ 参见邢义田著：《天下一家：皇帝、官僚与社会》，中华书局 2011 年版，第 438—439 页。

生，故必须'事资拯助'，才可免晚年之忧患。"① 没有后代的老年人可以在农社内寻求侍丁，只要双方对此均无异议，再上报官府，获得准许后就可以由侍丁履行赡养的义务，为老年人养老送终。这种养老形式中，农社作为民间自发的互助养老的载体，也得到了政府的支持与监督，形成了民办公管的存在。后至宋代，宗族养老逐渐开始趋于成熟，当时的义庄②在宗族组织里成为了主要的福利机构。义庄通过经营族人捐赠的义田获得财富，以这些财富作为经济基础实现赡养老年人，同时义庄还在运营中加入了助学、兴办公益事业等社会功能。为了实现义庄各项功能能够正常有效运行，宗族为此也建立了一系列的规章制度来规范义庄的养老等各项救助活动。③ 义庄在赡养老年人的过程中为老年人提供了生活照料、经济扶持和精神关爱等多方面的福利照顾。义庄这种由宗族发起并进行规范约束的养老模式成为了我国传统社会最为典型、运行最规范、持续时间最长的民间互助养老模式。到了明清时期，互助养老机构在我国的发展迎来了在传统社会的鼎盛时期，除了义庄在这一时期获得了极大发展以外，还出现了专门为太监服务的跨血缘和地缘的、以业缘为纽带的互助养老机构。明代朝廷设立了为太监养老的净乐堂、安乐堂，在此基础上，清代还御赐了恩济庄作为太监的坟地。但由于官方机构的救助规模和力度有限，太监们还自发组织或依托其他组织进行互助养老，很多太监选择了积蓄资产或与寺庙处好关

---

① 孟宪实：《唐朝政府的民间结社政策研究》，《北京理工大学学报》（社会科学版）2001 年第 2 期。

② 义庄是古代中国慈善组织的雏形，始于北宋。宋仁宗时范仲淹在苏州用俸禄置田产，收地租，用以赡族人，以家族纽带解决一部分人的社会福利问题的尝试。

③ 参见袁同成：《"义庄"：创建现代农村家族邻里互助养老模式的重要参鉴——基于社会资本的视角》，《理论导刊》2009 年第 4 期。

系、晚年到寺庙养老的方式。19世纪初，珠江三角洲地区出现了终身不嫁、独身终老的自梳女，她们通过集资的方式建立了"姑婆屋"，"姑婆屋"的成员相互结成师徒、金兰等拟亲属关系互帮互助完成养老。①

2. 现代农村互助养老模式的发展

现代农村互助养老发展为以政府为主导、以社区为依托、以家庭为基础的多元主体参与养老的模式。到了20世纪90年代，随着城乡一体化进程的发展，农村社会的空心化、老龄化程度日益加重，小型的核心化家庭以及空巢家庭也愈加普遍，农村家庭的养老功能不断被削弱，于是开始探索新的互助养老模式。根据推广主体的不同，如今互助养老模式大概可以分为政府主导型、民间支持型以及精英带动型三类。政府主导型是指在农村互助养老的实践中，地方政府在其中居于主导地位，扮演农村互助养老运营中各方面的角色。其中的代表有河北省邯郸市肥乡县和内蒙古自治区乌兰察布市化德县的"互助幸福院"模式。河北省肥乡县以"村级主办、群众参与、政府支持"为原则开创了河北省建设农村互助幸福院的先河。在建设农村互助幸福院起步阶段，地方政府为其建设提供了必要的资金和场所，并根据幸福院的规划与运营情况等因素实行不同标准的财政补贴；在后续的发展过程中，肥乡县民政局对互助幸福院的物资进行统一采购配备。除此之外，肥乡县政府按照合作型、普通型、标准型、示范型四类对互助幸福院进行了统一规划与推广。内蒙古自治区乌兰察布市化德县将实施扶贫战略和解决农村养老问题

---

① 参见方静文：《超越家庭的可能：历史人类学视野下的互助养老——以太监、自梳女为例》，《思想战线》2015年第4期。

相结合，建立了以村为单位，按照"集中居住、分户生活、统一管理、互帮互助"为原则的农牧村幸福院模式。民间支持型的互助养老主要是由慈善机构等社会组织或民间团体充当重要的创办者和投资人的角色。典型的案例有福建省为完善对农村孤寡老人的社会救济而实行的"慈善安居楼"项目。福建省福州市通过慈善总会发动，联动下辖的各县（市），采取"市县慈善总会筹一点、县乡政府拨一点、村集体出一点、各有关部门帮一点"的方法筹集资金。福建省的这种模式中，老年人入住不需要缴纳任何费用。但是这种模式由于资金筹集与运营的缺陷，覆盖面较小。精英带动型是指少数精英人士将老年人团结起来实现内部互帮互助，并引进其他社会力量为之提供适度支持的农村互助养老类型。精英带动型互助养老模式以贺雪峰、何慧丽分别在湖北和河南建立的老年协会为代表。这两个老年协会都是在专业学者的支持和倡导下，依托高校，同时也离不开当地政府相关部门对该项目的支持。

（二）农村互助养老模式研究的三个维度

截至 2018 年 12 月底，中国知网总库共有关于互助养老的相关期刊、报道 585 篇，中文社会科学引文索引共有相关学术文章 15 篇。整体观之，我国的学术领域对互助养老的研究仍处于起步薄弱阶段。综合国内关于互助养老的文章，主要分为三大类：一类是以通过分析某一个或某一局部地域互助养老的实践特点，为相似模式的互助养老模式提供指引与帮助的案例研究；一类是从某个角度出发，对互助养老模式现状进行分析；还有一类研究注重探讨各地互助养老模式在实践中遇到的问题。

1. 案例研究

以互助养老的实践案例为例，通过分析某一互助养老实践的特点，对其可行性与问题进行探讨，进而为相似模式的互助养老提供指引与帮助。此类的研究有学者韩振秋以河北省肥乡县农村互助幸福院为模型，认为：集体发起的"集中居住"的农村互助养老模式提供了农村养老供给的新来源，开创了农村养老组织和管理的新形式，有助于闲置资源再利用，而且还丰富了农村老龄人口的老年生活。① 学者付启敏、周颖以内蒙古自治区乌兰察布市农村互助养老为例，认为政府通过整合扶贫资金，坚持"政府主导、社会参与、政府兜底"的原则，有助于促成低成本高效率的农村互助幸福院的良好运行。但这种互助养老的运行模式也面临服务水平随着老年人年龄增长而有所下降以及可能引发子女忽略对老年人的照顾。② 学者周娟、张玲玲基于陕西省榆林市的实地调查，以"养老福利化、服务专职化、管理专职化"的 R 区幸福院为分析对象。认为强政府支撑型幸福院的服务内容相对更简单，虽然服务质量不如机构养老或者养老机构公建民营，但是相对低的建设和运营成本有可能会使得此类模式的覆盖面更大。他们认为这种模式可以通过发挥低龄健康老年人的作用，发展适老性农业等进一步降低运营成本；通过利用农村土地资源和特有的社会资源增强资金保障；通过整合资源，与乡镇医院和村医务室协同联动，为入院老年人提供更全面的服务。③ 学者贺寨平、武继龙对山西省大同市的互助幸福院进行研究，认为国家政策的支持和农村经济水平发展提升、农

---

① 参见韩振秋：《浅析农村养老新模式——"互助养老"的特点》，《理论导刊》
2013 年第 11 期。
② 参见付启敏、周颖：《"小财政"托起"大民生"——对乌兰察布市农村牧区
互助养老的调查与思考》，《黑龙江民族丛刊》2016 年第 1 期。
③ 参见周娟、张玲玲：《幸福院是中国农村养老模式好的选择吗？——基于陕西
省榆林市 R 区实地调查的分析》，《中国农村观察》2016 年第 5 期。

村养老观念的转变以及农村互助养老模式本身具有的优势为农村互助养老的发展提供了可行性，但也认为农村互助养老存在资金来源不稳定、社会参与度不高、管理及服务人员专业水平不足的缺陷。①学者班涛以上海市为例利用了社区主位视角进行观察研究，他主要分析了上海市以社区为主体，社区、政府、社会组织协同合作的农村居家养老服务体系。他认为这一模式从老龄人口的需求出发为他们提供了养老服务，不仅提高了养老资源的使用效率与专业服务质量，还实现了对养老资源的优化整合与合理利用，厘清了社区、政府与社会组织在居家养老中的关系。②学者赵向红、王宏民、杨韵辉以江苏省无锡市"夕阳红之家"为例，认为社会精英人士发起的非政府组织性质的老年互助组织鼓励老年人自愿参与，既解决了老年人孤独问题，又满足了老年人自我实现的需要，同时这种模式运营成本较低。但也由于运营成本的限制使互助内容局限于志愿性的探访与娱乐活动，这类老年互助组织还面临资金筹集能力欠缺、专业服务水平不高、合作协调能力弱三方面的困难。③

2. 视角分析研究

还有一类研究就是对互助养老模式进行整体的评析。这其中包括了对我国互助养老模式的定义、发源演进、架构、内涵研究以及为推动互助养老模式的发展对互助养老模式现状的探讨分析。

---

① 参见贺寨平、武继龙：《农村社区互助养老的可行性分析与问题研究——基于大同市水泊寺乡 X、D 两村的实地调查》，《天津师范大学学报》（社会科学版）2017 年第 6 期。

② 参见班涛：《社区主导、多元主体协同参与：转型期农村居家养老模式的路径探讨与完善对策》，《农村经济》2017 年第 5 期。

③ 参见赵向红、王宏民、杨韵辉：《城市互助养老社会组织发育与能力建设研究——以无锡市"夕阳红之家"为例》，《贵州社会科学》2018 年第 9 期。

　　对我国互助养老模式的发源演进的研究集中在文化因素方面。学者赵志强等从文化社会学的视角分析了互助养老模式的社会文化基础，他们认为在农村文化与社会结构的冲突下，农村社区的传统互助文化发挥作用，进而形成了现代的互助养老模式①。学者张云英等认为：农村经济社会结构的变迁、家庭的基本单位作用、农村强有力的依托组织以及以孝文化和互助文化为核心的农村传统文化，对现代农村互助养老的形成与运转起了决定性的作用。②学者李俏等认为：农村互助养老发端于我国儒家文化，在人伦关系层面按照差序格局的方式由内而外、由近及远扩展。我国的农村互助养老的实践根据推广主体的不同可以划分为由地方政府发起、推动、支援和控制的政府主导型，由社会组织等民间团体充当创办者和投资人的民间支持型，以及由少数社会精英的力量将农村老年人团结起来的精英带动型。但他们认为这几种类型的农村互助养老模式中都存在老年人需求与服务的不匹配、传统居家养老思想的阻碍以及政策和资金的缺失问题。③学者方静文则从人类学的角度，以生育功能受到阻碍的"太监"以及"自梳女"这两个特殊群体为例，对跨越家族界限的互助养老模式的架构与运营进行分析，论证了以业缘或同质性为依托发展的跨越血缘、地缘关系的互助养老模式的发展路径。④

---

①　参见赵志强、王凤芝：《文化社会学视角下的农村互助养老模式》，《农业经济》2013 年第 10 期。

②　参见张云英、张紫薇：《农村互助养老模式的历史嬗变与现实审思》，《湘潭大学学报》（哲学社会科学版）2017 年第 4 期。

③　参见李俏、刘亚琪：《农村互助养老的历史演进、实践模式与发展走向》，《西北农林科技大学学报》（社会科学版）2018 年第 5 期。

④　参见方静文：《超越家庭的可能：历史人类学视野下的互助养老——以太监、自梳女为例》，《思想战线》2015 年第 4 期。

　　部分学者通过对互助养老的定义研究，进而指导互助养老实践。学者金华宝认为：互助养老模式是一种部分社会化的家庭养老模式，其具有"中心居住、家庭供养、社区生活、彼此照顾"的特点。其中，该模式的核心是家庭的供养，关键在于互助的服务方式，通过打造中心居住的平台，实现不改变老年人原有社区生活的目的。[1] 学者吴香雪等认为：互助养老是一种助养方式，根据地区的养老基础可以将其定位为一种养老的重要补充或一种新型养老方式。他将互助养老模式划分为集体经济基础上的互助养老模式、居家互助式、集中居住式、邻里互助式、家族邻里互助式、时间银行及组建家庭式七种类型，对互助养老不同的模式进行了探讨。[2] 学者刘欣认为互助养老是这样一种养老方式：生活在同一地域范围的老年人，通过自愿结伴、相互帮扶、共同生活的方式，彼此之间获得生活照料、情感依托等方面的满足。他认为我国进行的互助养老的实践主要分为政府主导型、社会自组织主导型与家庭主导型三类，这三种类型的互助养老在养老主体与服务对象、养老组织形式以及养老服务效应三方面都具有各自的特点与区别。[3]

　　在对互助养老的架构研究中，学者陈竞认为：邻里互助关系网络的建立，首先取决于市民或者农村居民的自觉性和主体性，市民或者农村居民对于自己的现状有自觉改变的需求，他们的主观能动

---

[1] 参见金华宝：《社区互助养老：解决我国城乡养老问题的理性选择》，《东岳论丛》2014年第11期。

[2] 参见吴香雪、杨宜勇：《社区互助养老：功能定位、模式分类与机制推进》，《青海社会科学》2016年第6期。

[3] 参见刘欣：《我国互助养老的实践现状及其反思》，《现代管理科学》2017年第1期。

性是建立互助关系网络的首要因素；其次取决于伙伴意识和平等民主的观念，互助主体的平等观念和公平意识也是建立互助关系网络的重要因素；再次取决于社区领袖的人格魅力及其领导能力，社区领袖对于社区自决的影响是不言而喻的，特别是在邻里互助关系网络的构建中，社区领袖能够通过自己的人格魅力赢得居民的信任，从而感染他们、激发他们。① 学者袁同成从社会资本角度对互助养老进行分析，他将社会资本与经济资本进行关联，认为民间资本在自发进行地区性、家族性的养老过程中，捐资者可以通过提供经济资本获得社会资本，捐助方与受助方相互受益。这种不同类的资本交换的方式可以有效解决农村养老面临的物资匮乏的问题。② 学者赵志强与杨青以经济社会学为切入点，从嵌入性视角对农村互助养老进行研究。他们认为：农村互助养老必然要能够恰当地嵌入其所处的制度环境，才能达成这种新生养老模式设计之初的良好意愿；国家对农村社会保障的价值取向的指导、地方政府追求自身利益的行为模式所塑造的制度环境以及农村政治与经济社会管理制度的变革成为农村互助养老模式所受影响的关键。③ 学者王辉以政策工具视角和多元福利主体为关注点，探讨互助养老模式如何运用政策工具促进多元福利供给的有效运转。他认为：互助养老模式融合了政策工具中的强制类工具、信息引导类工具、市场类工具以及自愿类工具，各工具之间的压力与引力为多元福利供给

---

① 参见陈竞：《邻里互助网络与当代日本社会的养老关怀》，《中南民族大学学报》（人文社会科学版）2008 年第 3 期。
② 参见袁同成：《"义庄"：创建现代农村家族邻里互助养老模式的重要参鉴——基于社会资本的视角》，《理论导刊》2009 年第 4 期。
③ 参见赵志强、杨青：《制度嵌入性视角下的农村互助养老模式》，《农村经济》2013 年第 1 期。

运转提供了动力。① 同时学者王辉也从正式支持与非正式支持的角度对农村互助养老模式的运行进行了详细分析,他论证了在农村互助养老中,随着政府提供的财政资金、活动资源等各种正式支持的增加,老年人的朋辈群体、家庭与社会的非正式支持也相应会获得增长。② 学者杨静慧认为:互助养老主要依托个人的服务交换,较少依赖家庭或社会所提供的福利内容,是除家庭养老和社会养老之外的第三种养老方式。她提出:互助养老必须借助政府支持,依托社区主办,发掘长者潜能,从而实现建构长期稳定的互助养老的目标。③ 而学者陈际华与黄健元认为:农村空巢老人存在个体和集体层面的社会资本缺失,农村互助养老通过对农村空巢老人进行个体和集体层面的社会资本进行补偿,重构老年人的社会网络,为空巢老人接近和使用嵌入性社会资源提供了条件。④

在对互助养老的内涵研究中,主要集中在对参与互助养老的老年人群体上。学者贺书霞从发展福利视角分析互助养老,认为互助养老可以通过福利主体的自立自强,将社会福利的被动接受者变为经济与社会发展的主动参与者。她认为:互助式养老降低了养老的资金支出和养老照料成本,创造了老年人参与社会生活的机会,符合发展福利的理念。她以江苏省镇江市大圣寺安养院为例,阐述了

---

① 参见王辉:《政策工具视角下多元福利有效运转的逻辑——以川北 S 村互助式养老为个案》,《公共管理学报》2015 年第 4 期。

② 参见王辉:《农村养老中正式支持何以连带非正式支持?——基于川北 S 村农村互助养老的实证研究》,《南京社会科学》2017 年第 12 期。

③ 参见杨静慧:《互助养老模式:特质、价值与建构路径》,《中州学刊》2016 年第 3 期。

④ 参见陈际华、黄健元:《农村空巢老人互助养老:社会资本的缺失与补偿——基于苏北 S 县"老年关爱之家"的经验分析》,《学海》2018 年第 6 期。

在互助养老中，照料资源队伍的建设对于老年人养老过程中的精神交流和配合协作具有关键作用。一方面保证服务队伍人员参与的数量与质量，另一方面通过管理发挥服务人员的专业特长、文化优势、宗教信仰等，从而实现共同参与、和谐养老。[①] 学者班娟从增权理念的角度出发，提出老年群体的互助养老与增权之间存在关联。她认为：老年人随着年龄的增长开始具备生理、心理、经济和社会地位等方面困难群体的特征，增权理念可以为老年人提供作为互助养老的主动参与者和受惠者的应对策略，有助于克服互助养老模式实践中来自个体的身体功能和角色认知障碍、家庭的养老功能和角色期望障碍以及社区的服务功能和角色歧视障碍三个方面的权力障碍。[②] 学者孙彦东等从再社会化视角出发，认为：互助养老模式可以培育老年人新的社会归属感，为老年人创造新的人生价值和实现再社会化提供了可能。同时老龄志愿互助服务进一步丰富了社会养老的内容，实现了助人与自助的双方受益。[③] 学者杨国军等基于给付能力视角对老年群体养老需求进行了深入分析，认为：互助养老这种制度设计，低成本的特征更适合中低收入群体老年人，覆盖广更能解决更多数量的人群养老。他认为：对中低收入老年互助养老进行提高收入、完善互助养老平台等方面的供给侧结构性改革有助于互助养老的推广与长效运行。[④]

---

① 参见贺书霞：《发展福利视角下的互助合作社会养老模式研究》，《农村经济》2014 年第 1 期。

② 参见班娟：《社区老年群体互助养老中增权模式探究》，《社会科学战线》2014 年第 8 期。

③ 参见孙彦东、杨国军、刘素婷：《再社会化视角下我国老龄志愿互助养老的组织与管理》，《改革与战略》2017 年第 2 期。

④ 参见杨国军、刘素婷、孙彦东：《中低收入老年群体互助养老的实现与供给侧结构性改革》，《改革与战略》2017 年第 8 期。

对于互助养老在我国何去何从，许多学者对我国的互助养老的现状也进行了分析与探究。学者景军、赵芮认为：互助养老打破了血缘界限，辅佐家庭养老，为社会和机构养老提供补充性或替代性服务。他们认为：城市中建立在居家养老基础上的基于"时间银行"的互助养老模式是包含于志愿服务范畴之内的，在这一模式中，老年人中的互助养老志愿者通过志愿服务时间换取被服务时间的行为属于互惠行为；而通过货币储蓄换取养老服务时间的行为，因为其支付价格低于市场价格，属于弥补免费志愿服务不足的权宜之计，也不能视同一般的市场行为。① 学者程成认为：在时间银行模式下建立的居家互助养老模式将银行系统运行机制与互助养老相结合，可以有效建立互助养老服务系统的驱动、竞争和惩罚机制，有助于互助养老服务系统的长期正常有效运行。②

3. 问题分析

在现有的农村互助养老实践中，也存在着些许的不足。学者高灵芝在对山东省济南市、德州市等地区农村互助幸福院的调查中发现，普遍建设具有生活居住功能的农村幸福院并不符合每个地区的实际。这些地区的幸福院普遍存在着生活设施富余闲置、社区和村委会作为主办主体运营压力过重等问题。③ 学者许加明等则从老年人所拥有资源的特点提出，空巢老人之间存在同质性与异质性的可能。拥有相似养老资源的空巢老人通过互助可以实现养老资源的集聚效

① 参见景军、赵芮：《互助养老：来自"爱心时间银行"的启示》，《思想战线》2015 年第 41 期。
② 参见程成：《基于时间银行的居家互助养老模式研究》，博士学位论文，西安建筑科技大学管理科学与工程系，2015 年，第 71—75 页。
③ 参见高灵芝：《农村社区养老服务设施定位和运营问题及对策》，《东岳论丛》2015 年第 36 期。

应，拥有不同养老资源的空巢老人通过互助可以实现养老资源的互补效应。互助养老模式通过将养老资源的集聚效应和互补效应相互结合，可以构筑多元立体的养老网络。① 学者杨文健、程可桢基于农村互助养老模式的推广方式来看，认为农村互助养老缓解了农村养老压力，但是由于缺乏长效机制的保障，农村互助养老实践仍然面临着严峻的挑战，因此有必要从社会参与机制、资金保障机制、监管评估机制、需求导向机制等方面入手，建立切实可行的农村互助养老长效运行机制。② 学者刘妮娜认为：当前我国互助型社会养老面临"重设施轻服务""重娱乐轻养护"的问题，我国农村互助型社会养老应该是低成本、广覆盖、可持续、差异化的，通过发动老年人"自助—互助"，满足农村老年人食、住、精神慰藉及中重度失能老人的生活照料需求。③ 学者祁峰、高策认为："时间银行"方式的互助养老模式通过服务的有偿性支撑互助养老的持续性。但仍面临缺乏政府的顶层设计、不同服务类型换算困难导致的劣币驱逐良币、人口结构变动导致互助养老"时间银行"储蓄不足以及转让机制缺失的难题。④ 学者刘晓梅、乌晓琳认为：我国在老龄化、家庭规模小型化、互助养老趋势等方面与部分国家有趋同性。互助养老模式可以通过建立多元化的互助养老服务提供主体、构建自助养老服务信

---

① 参见许加明、华学成：《城市社区空巢老人互助养老的参与意愿与互助方式——基于江苏省淮安市的调查与分析》，《现代经济探讨》2015 年第 8 期。

② 参见杨文健、程可桢：《农村互助养老实践与长效运行机制的探讨》，《江西农业学报》2016 年第 5 期。

③ 参见刘妮娜：《互助与合作：中国农村互助型社会养老模式研究》，《人口研究》2017 年第 4 期。

④ 参见祁峰、高策：《发展"时间银行"互助养老服务的难点及着力点》，《天津行政学院学报》2018 年第 3 期。

息系统、实现多渠道资金参与的新型资金筹措方式、建立有效的需求评估与服务评估机制以及成立互助式养老公共基金五类手段进行发展。① 学者张颖等从老年人个人素质和需求的方面考虑，认为精英老人的知识层次高，由于自身和家属对健康护理方面的特殊需求，学习的主动性也相对较高。他们认为：通过对精英老人进行专业医护培训，可以为构筑居家互助养老模式提供较高效率和质量的医护服务。②

学者许斌在以江苏省农村互助养老发展情况为参考的前提下，认为：由政府牵头组织的农村互助养老，在对老年人分层照顾的前提下，农村互助养老制度仍旧面临着法律法规保障不完善、资金投入不够的问题，互助养老与农村老年人传统家庭养老思想的矛盾以及互助养老服务人员数量欠缺且服务非专业化的困难。③

学者赵志强同时认为：虽然乡村的自发实践产生了农村互助养老这一模式，但主导农村互助养老模式推广的是具有压力型特征的政府，农村互助养老模式在制度的嵌入与发展中受到压力型体制弊端的阻碍。④

通过对上述文献的总结可以发现，我国学者们对互助养老的研究主要集中在社会学和经济学领域之中，运用诸如社会资本理论、增能理论、多元福利等理论对互助养老的参与主体、运行结构以及

---

① 参见刘晓梅、乌晓琳：《农村互助养老的实践经验与政策指向》，《江汉论坛》2018 年第 1 期。

② 参见张颖等：《“精英老年人医护培训”在居家互助养老模式中价值的探讨》，《上海医药》2015 年第 16 期。

③ 参见许斌：《农村地区互助养老模式的应用研究——以江苏苏州为例》，《商业经济研究》2016 年第 4 期。

④ 参见赵志强：《农村互助养老模式的发展困境与策略》，《河北大学学报》（哲学社会科学版）2015 年第 1 期。

建设方式等方面进行分析。互助养老这一养老模式在老年人的再社会化方面有其独特的作用，老年人通过互助的形式参与社会的生产生活，通过自身能力的实现获得主观的"权力感"。除了这些"单一学科视角"或"单一理论角度"对互助养老的分析之外，国内对互助养老的研究更多的是对我国互助养老的案例进行实证研究。学者们普遍认为：互助养老的模式是一种节约社会资源的同时能够提升老年人养老服务质量的新型养老模式。但由于互助养老模式自身存在财富创造能力的缺陷，因此多位学者在案例分析中都强调了互助养老需要长期稳定的物质支持。但学者们对如何协调互助养老模式中各主体的责任与义务都是避而不谈或浅尝辄止，这使得进一步明确互助养老模式的主体分工和运营构建成为虚谈。由此导致互助养老在我国养老体系中的地位不甚明确，未来的发展与路径规划依然需要摸索。

二、国外互助养老模式的发展与相关研究现状

随着工业化的发展，西方发达国家先后进入老龄化社会，家庭养老功能开始弱化，老年人开始向社会寻求帮助，加上国家政策层面的推动，互助养老模式逐渐成为一种新的养老方式，并形成了各种不同的形式。

（一）国外互助养老模式的产生

国外互助养老模式的产生一方面是由于其代际关系为"接力模式"，老年人的养老更趋向于家庭外部的社会支持；另一方面是由于国外政策层面的推动。

1. 互助养老产生的原因分析

联合国教科文组织规定 60 岁及以上的老龄人口或者 65 岁及以上的老龄人口占总人数的比例超过 10% 或者 7%，便意味着这个国家进

入了老年型社会，按照这个标准，法国早在 1865 年 65 岁及以上的老年人口比重就超过了 7%，成为世界上第一个老年型国家。① 美国于 1944 年成为老年型国家，日本虽然是工业发达的国家中最晚进入老年型社会的，也已于 1970 年进入了老年型社会，工业化的快速发展成为促进西方发达国家发展新型养老模式的一个信号。对于互助养老出现的原因，费孝通先生在《家庭结构变动中的老年赡养问题——再论中国家庭结构的变动》中提到：在以父子血缘关系为中心的家庭结构中和受孝文化约束的背景下，我国传统社会的代际关系模式为双向的"反馈模式"，与之不同的是西方发达国家一般为单向的"接力养老模式"。② 以美国为代表的西方文明体系认为：每个人都是一个独立的人格，老年人也要强调独立自主和自给自足，在尽量减少对他人的依赖下独立生存，不断寻求自己的价值，并且在传统的西方养老模式下，在养老过程中缺少了资源向上反馈的环节。空巢家庭的出现导致传统养老供求双方产生不平衡，养老无法顺利完成，于是不得不通过互助养老解决老年人的养老问题。学者袁芳（Fang Yuan）通过研究也发现，工业化的进程也给东方国家带来了一定的改变，工业化的发展为社会带来了快速的经济发展，促使不同区域之间劳动力的流动加快，从而改变了传统家庭的居住方式，家庭核心化不可避免地成为一些社会的发展趋势，主干家庭成为主要家庭类型，客观上弱化了家庭本来具备的养老功能，家庭中老年人可获得的养老资源逐渐减少，从而不得不通过互助的方式解决养老问题。③

① 参见傅从喜、瑞丹·休斯著：《东亚地区的人口老龄化：21 世纪的政策和挑战》，王晓峰译，东北财经大学出版社 2015 年版，第 87 页。
② 参见费孝通：《家庭结构变动中的老年赡养问题——再论中国家庭结构的变动》，《北京大学学报》（哲学社会科学版）1983 年第 3 期。
③ 参见 Fang Yuan, "The Status and Role of the Elderly in Chinese Families and Society", *Chinese Sociology & Anthropology*, Vol. 1, No. 22 (January 1989), pp. 86–89.

2. 政策层面的推动

美国早在 1944 年就进入了老年型社会，并且在 1965 年修订了《美国老人法》，来实现对老年人口权利的保障。他们协调各方面的资源并且对其进行合理的利用，通过与家庭成员以外的其他人以合作的方式使养老行为的供需双方实现共赢，这就是一种全新的养老模式——互助养老，[1] 这种模式是作为对社区养老的一个补充而存在的，现有的文献中对国外新型的互助养老模式多是通过与社会机构的合作实现养老供求双方的共赢。

(二) 国外互助养老模式的主要类型

国外互助养老模式的类型主要有时间或服务储蓄类型的互助模式和社区成员互助型模式。

1. 时间或服务储蓄类型的互助模式

时间银行是如今被广泛应用的一个互助养老的模式，很多国家都已经运作成熟。时间银行这一概念最早出现在日本。1973 年日本大阪的学者旭子水岛（Teruko Mizushima）女士和其他女性志愿者共同建立了志愿者劳动银行，通过志愿者为老年人提供所需要的服务，从而建立互助养老的机制。[2] 后来美国哥伦比亚特区大学教授埃德加·卡恩（Edgar Kahn）提出了被广泛应用于互助养老中的"时间银行"模式，进而从美国推广至其他国家。时间银行模式最初是为了提升老年人的生活质量，被用于老帮老的互助养老中，随着不断的发展，参与服务的主体从老年人扩展到各个年龄阶段的

---

[1] 参见 David Gladstone（ed.），"British Social Welfare：Past, Present and Future"，*Journal of Social Policy*，Vol. 1，No. 25（January 1996），p. 192。

[2] 参见周作斌：《时间银行在社区互助养老中的应用研究》，硕士学位论文，暨南大学公共管理学院，2014 年，第 7 页。

志愿者。① 所以现在大多数学者都将时间银行的概念分为狭义和广义两个方面，学者马贵侠认为：广义上的时间银行是指不同年龄层的志愿者自愿为老年人提供其所需要的养老服务以换取可以存入时间银行中的累积时数；② 从狭义上理解，学者王泽淮则认为：时间银行特指低龄老年人为高龄老年人提供养老帮助服务。③ 2001 年在美国波士顿一群中产阶级老年人成立了"比肯山村庄"，这群老人不仅作为养老服务的受益者而且同时作为养老服务的提供者，采用村庄内成员相互服务的方式完成养老行为，固化了邻里互助养老组织的理念，这一互助养老的模式也陆续开始在其他地区和国家推广。④ 长老计划（Elder plan）开始时的目的仅仅是为老年人提供疾病预防的试点机构，后来为了方便老年人又在社区中组织开展了大量的活动，使参与进来的老人都能获得满足感和幸福感，参与其中的志愿者也可以利用自己储存的时间货币换取相应的医疗保健项目的折扣与服务；这样既满足了老年人的实际需求，又激发了志愿者的积极性。⑤ 日本在 1994 年成立了积极生活俱乐部，俱乐部成员主要包括 50 岁以上的夫妻或者男性，成员付出不同的劳动、提供不同的服务可以累积相应的积分，积分可以供本人和家人共同使用，同时在俱乐部内会组织举办丰富的活动和讲座，可以满

---

① 参见 Callison Stuart，"'All you need is love'? assessing time banks as a tool for sustainable economic development"，*Local Economy*，Vol. 3，No. 18（July 2003），pp. 264 – 267。

② 参见马贵侠：《论"时间银行"模式在居家养老中的应用》，《南京理工大学学报》（社会科学版）2010 年第 6 期。

③ 参见王泽淮：《时间银行——社区志愿者服务的新形式》，《社区》2003 年第 12 期。

④ 参见张彩华、熊春文：《美国农村社区互助养老"村庄"模式的发展及启示》，《探索》2015 年第 6 期。

⑤ 参见李明、曹海军：《老龄化背景下国外时间银行的发展及其对我国互助养老的启示》，《国外社会科学》2019 年第 1 期。

足老年人在精神层面的需求。① 这种储蓄类型的互助养老模式不单单是社会服务机构或者红十字会等团体专门培养的志愿者与老年人之间发生的单向的照顾，还包括低收入的老年人每周通过兼职劳动或者帮助残障儿童获得报酬，低龄老年人为高龄老年人提供照料和陪伴，完成对老年人生活方面的基本照料，还在寻求发挥老年人自身的价值，实现老年人的积极老龄化方面做出了贡献。②

2. 社区成员互助型模式

在英国，独居老人的数量较多，为了适应这一特点，英国的互助养老主要采取社区照料为主，并且以提供居家护理服务为辅。③ 日本社会中社区自发形成的自组织体系相对更加发达，为居民和社区成员提供福利服务。发展比较好的是邻里互助网络制度，利用邻里之间长期形成的关系网及邻里彼此熟悉的特点，本着邻里互相帮助的精神，由政府提供资金支持，志愿者为居住在社区内的 65 岁及以上的老龄人口尤其是独居和失能的老年人提供各种所需的服务与帮助，④ 这样以社区作为互助养老的场所，更加便于开展活动，为老年人提供更好的服务，可以让老年人感受到亲情和家的温暖，同时丰富老年人的生活，提高他们的生活质量，并且通过活动也会增强老年人的学习能力和与时俱进的能力，有助于实现积极老龄化。德国

① 参见李明、曹海军：《老龄化背景下国外时间银行的发展及其对我国互助养老的启示》，《国外社会科学》2019 年第 1 期。
② 参见甘满堂、娄晓晓、刘早秀：《互助养老理念的实践模式与推进机制》，《重庆工商大学学报》（社会科学版）2014 年第 4 期。
③ 参见张姣：《基于老年人幸福感视角下的河北省农村互助养老模式完善研究》，硕士学位论文，河北大学管理学院，2017 年，第 5 页。
④ 参见陈竞：《邻里互助网络与当代日本社会的养老关怀》，《中南民族大学学报》（人文社会科学版）2008 年第 5 期。

的养老体系发展到今天已经比较完善了，其中 2006 年开始启动的
"多代屋"模式是比较典型的互助养老的模式，年轻的志愿者或者儿
童参与进来为年老的人提供生活照料与陪伴，同时老年人可以将自
己的生活经验、技能传授给年轻人，甚至低龄老年人也可以尽自己
所能帮助高龄老年人，通过将不同年龄段的人聚在一起，为代际交
流提供了一个很好的机会，真正让老年人体会到老有所养、老有所
依、老有所乐，更着重在精神方面帮助老年人享受天伦之乐。①

　　整体来看，美国、德国、日本等国家的互助养老发展较早，并且
已经发展比较成熟了，随着老龄人口不断增多，老龄化程度不断加深，
我国养老需求的不断增加，必须改善现有养老模式以适应当前和未来
老龄化的发展。国外的先进经验也为我们发展新型养老服务提供了借
鉴。不同的国家发展了不同的互助养老模式，关于时间银行模式与社
区成员之间的互助是不同文献中讨论最热烈的话题，也对我国发展互
助养老模式有一定的启发。国外时间银行模式的优势明显，从人文关
怀角度考虑，时间银行模式为低龄老年人提供了实现自己价值的机会，
促进了养老供求双方的双向发展，激发了志愿者和老年人的积极性，
并且有利于积极老龄化的发展；从社会发展角度考虑，互助养老为实
现养老的供需双方提供了互相了解、互帮互助的一个平台，既提高了
年轻人的积极性，激励了他们全面参与到养老环节中来，同时又帮助
老年人实现了老有所养和老有所乐，促进了社会的和谐发展。② 但是
学者丁艳琳以及牛博杰也提到：当我们引进国外先进经验时，也要

---

① 参见刘苹苹：《建立宜居社区与"多代屋"——中国应对人口老龄化问题的路
　径选择》，《人口学刊》2013 年第 6 期。
② 参见李明、曹海军：《老龄化背景下国外时间银行的发展及其对我国互助养老
　的启示》，《国外社会科学》2019 年第 1 期。

考虑本土化的条件以及后续的发展问题；在我国社会中实现互助养老模式的推广从老年人自身、家庭层面以及整个社会层面都会产生一定的问题。① 所以我们要在符合本土发展的前提下，总结国外经验，做出合理的思考，形成具有我国特色的养老模式，为更好地应对老龄化做出充分的准备。

(三) 国外互助养老研究的三个理论视角

国外互助养老模式的研究可以归纳为三个视角：社会民主主义国家的互助养老、自由主义国家的互助养老和法团主义国家的互助养老。

1. 社会民主主义国家的互助养老

德国学者托马斯·索克尔（Thomas Sokoll）认为：社会民主主义国家（如英国）的互助养老模式主要是在社会团体或社区内发生的互助行为。随着工业革命的开展，工人群体规模的不断扩展，以工人为主体的社会团体逐渐成为实现互助行为的主要载体。随着这些国家工业革命的开展，工人群体规模的不断扩展，形成了以工人为主体的互助社会团体，这种工人之间互助的行为也逐渐成为人们养老的主要模式。尽管随着这些国家往福利型国家发展以及政府对社会经济生活干预力度的加大，原有的互助社会团体日趋式微，但是互助的传统一直在延续，并随着新的历史机遇逐渐发展。第二次世界大战以后，在政府的引导下，这些国家社区中参与互助养老的主体范围逐渐扩大。②

---

① 参见丁艳琳、牛博杰：《国外互助养老模式对我国养老困境的启发》，《经济研究导刊》2018 年第 28 期。

② 参见 T. Sokoll, "Household and Family among the Poor: The Case of Two Essex Communities in the Late Eighteenth and Early Nineteenth Centuries", *Economic History Review*, Vol. 47, No. 4 (November 1994), pp. 194 – 196。

2. 自由主义国家的互助养老

以美国为代表的自由主义国家的主要互助养老形式是"村庄模式"。学者张彩华等认为："村庄模式"是一种非营利性的会员制互助养老组织，随着老龄化的进一步加深，老年人对社会服务的需求增加，"村庄模式"进一步扩大，形成了以下几个特征：分布比较广；实行会员制；会员既是管理者也是志愿者；村庄的组织设置灵活多样；村庄的办公场所比较灵活。[①]

3. 法团主义国家的互助养老

通过对法团主义国家的互助养老进行研究，学者党宇菲认为：德国作为法团主义国家的典型代表，深受法团主义理论的影响，形成了异于社会民主主义国家、自由主义国家的"类家庭"互助养老模式——非血缘关系的多代居社会互助养老模式，这种多代居互助养老主要是一种不同年龄的人居住在共同公寓里的互助行为。主要表现在年轻人为老年人提供日常照料、精神慰藉方面的服务，老年人为年轻人提供生活经验方面的指导。[②]

第四节　创新点、研究思路和研究方法

一、创新点

本书的创新点主要在于完善一种新的养老模式。在已有的家庭

[①] 参见张彩华、熊春文：《美国农村社区互助养老"村庄"模式的发展及启示》，《探索》2015 年第 6 期。

[②] 参见党宇菲：《我国农村互助养老机制研究》，硕士学位论文，吉林大学哲学社会学院，2018 年，第 12 页。

养老、机构养老、居家养老、自我养老等养老模式的基础上，互助养老是根据农村自身的特点探索解决农村老年人养老问题的一种新的养老模式，丰富了养老模式的内容。互助养老模式在实践中还存在这样或那样的问题，本书的研究力求使互助养老模式进一步完善，在资源的供应、服务内容设计、资源的运用和管理以及社会工作服务机制引入等方面形成配套政策体系，进而更好地在各地推广。

具体说来，本研究的创新点包括五个方面：① 以河北省肥乡县互助幸福院为例，对比了互助幸福院内、院外老年人对幸福院居住条件的期望，研究发现，院外老年人没有入住幸福院的主要原因是因为幸福院现有的居住条件在许多方面不能满足老年人的需求，幸福院待改善空间较大。② 指出了制约互助养老模式发展的几个因素：首先是干部的积极性问题，尤其是党员干部的带头作用；其次是资金问题；最后是政府重视问题。③ 提出了有待相关政府树立的三重反哺意识，并进行了相关原因分析。中华人民共和国成立后，从相对的角度看，农村空巢老人不是最大利益获得者，有待相关政府部门树立反哺意识，加大对农村空巢老人群体的政策支持力度，原因有三：一是中华人民共和国成立初期的剪刀差牺牲了农民的利益；二是改革开放前严格的户籍制度限制了农村人口的自由流动；三是改革开放之后的城乡差距加大使农民成为利益相对受损者。④ 提出了重新定位互助幸福院的身份。鉴于村委会承担着大量的来自上级多个部门的工作，没有足够的精力从事互助幸福院的管理，建议对互助幸福院实行登记或备案制度，以便激发其内生动力，链接资源，实现可持续发展。⑤ 调整互助幸福院的管理模式。通过互助幸福院与村委会主要领导干部的交叉任职，让双方为本村的养老事业一起谋划，共同担当，打造一个发展农村互助养老模式的命运共同体。

二、研究思路

互助养老模式研究分为四个阶段：① 首先，搜集整理互助养老模式的相关经验，选取首创这一模式的河北省肥乡县为典型；其次，设计问卷对已有农村互助养老幸福院进行系统评估，重点集中在其运行成本和养老效能；② 通过对互助养老幸福院的入住老年人和未入住老年人进行对比调查，了解互助养老模式服务对象的需求，并与互助养老模式所能提供的资源与服务进行对照分析，以便进一步完善这一养老模式；③ 从政策、资金、社会支持和服务技术等方面来分析互助养老模式功能发挥的制约和障碍因素及所面临的问题；④ 根据上述分析，提出针对性的配套政策体系和系统支持方案。见图 1-1。

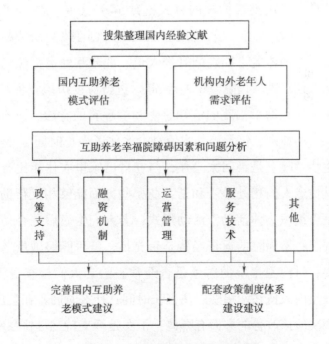

图 1-1　农村互助养老研究思路图

三、研究方法

采用的研究方法主要包括：① 抽样调查。研究采用多段抽样方法抽取互助幸福院和院内院外两类老年人，首先用简单随机抽样方法在河北省邯郸市肥乡县抽取 20 个农村互助幸福院，然后在选定互助幸福院中用分层抽样方法抽取 150 名入住老年人进行调查和需求评估，获得有效问卷 117 份；未入住老年人的选取采用等距抽样方法，从所抽取的互助幸福院所在的农村社区共选取 200 名老年人进行对照调查，获得有效问卷 140 份。② 典型调查。互助养老模式的服务对象主要是农村空巢老人，为了更深入了解农村空巢老人的生活状况和养老需求，2016 年 12 月，选取了河北省不同地区的 4 个村庄作为典型，采用立意抽样的方式，对 54 位老年人进行了问卷调查。③ 深度访谈。对河北省互助养老模式的创建者、所涉政府机构工作人员、互助养老幸福院的管理人员、部分互助幸福院内居住老年人、未入住互助幸福院老年人等 50 人进行深度访谈，获取不同类型的老年人对互助幸福院的认知感受和管理者的看法。访谈内容包括：老年人的性别、年龄等基本信息；入住了多长时间；是否习惯院内的生活，晚上是否回家去住，与在自己家里居住相比有哪些好处；与其他老人们相处是否和谐，在哪些方面能够相互帮助；院内老年人是否组织集体活动，活动形式；老人们生病后是否马上离开互助幸福院；幸福院的运行经费是否充足，是否能够满足老年人的生活需要；村内卫生院的医生是否经常去给老人们检查身体看病；老年人一年内大概在幸福院居住多长时间；什么时间不在院内居住；希望幸福院应该改善的方面有哪些；子女是否支持父母住在幸福院，原因是什么。

第二章　农村互助养老模式发展状况

互助幸福院是农村互助养老的典型形式，起步时间最早、覆盖范围最广的幸福院建设尤以河北省为典型，后在其他地区逐渐推广，由于多种社会经济因素影响，各地互助养老模式发展水平、运转模式、服务内容各有特点。

第一节　河北省肥乡县农村互助幸福院概述

一、农村互助幸福院的由来

农村互助幸福院的出现既是一种偶然现象，也是一种客观需求。

（一）偶然事件

随着城市化和工业化进程的快速发展，农村很多年轻人到城市打工，农村空巢留守老人增多，尤其是那些独居老人更是面临着无人照顾的风险。2007 年冬季，河北省邯郸市肥乡县前屯村的一位女性独居老人在家中去世，由于是冬季，数日后被村民发现时身体已经僵硬，如果发生在夏季，后果不堪设想。而且老人有一个儿子居住在同村，只是没有和她居住在一起。为了避免类似事件再次发生，村党支部书记开始考虑把村中独居老人，不管其子女是否在外打工，只要是年满 60 岁、且有自理能力的独居老人都集中居住在一起，一方面相互照顾，另一方面解决老年人的孤独问题。2008 年 8 月在村党支部的倡导下，前屯村将闲置的小学教舍进行了改造和装修，配备了必要的生活用品，共有宿舍、厨房、餐厅和储藏间 24 间，床位 25 张，免费供独居老人集中居住，建成了全国第一家互助幸福院。

（二）客观需要

这种"离家不离村、离亲不离情"模式适应了农村老年人，尤其是空巢老人养老的需求，一经推出，得到河北省肥乡县三里堤、勒马台等多村广泛响应和仿效，2010 年发展到 6 家，2011 年这一做法得到了肥乡县政府的认可并在全县推广。在养老内容的三个主要方面中，物质支持通常由家庭提供，精神支持和服务照料是农村空巢老人无法得到充分满足的，农村互助幸福院则能在这两个方面给予农村空巢老人一定的支持，尤其是在精神支持方面，互助幸福院发挥了非常重要的作用。因此，在国家社会保障水平有限，农村青壮年进城务工，家庭养老功能弱化的背景下，农村互助幸福院成为空巢老人养老的一种理想选择。

二、肥乡县互助幸福院的发展举措

河北省肥乡县互助幸福院的发展首先是根据各村的具体情况提出了分类建设的意见，然后从多个层面提供了足够的保障措施，在一定程度上解决了部分农村空巢老人的养老问题，在全国范围内有一定的示范意义。

（一）分类建设

按照村级主办、政府支持的原则，大力推进以提高标准、改善条件、完善设施为目标的基础建设工作。肥乡县政府根据各村具体情况，幸福院分三类指导标准进行建设。

一类农村互助幸福院建设标准：

（1）农村互助幸福院和农村老年服务站"站院合一"。

（2）有门有院，院内硬化、绿化、通电、通水、通有线电视、通电话。

（3）总占地面积1200平方米以上，总建筑面积400平方米以上。其中宿舍不少于260平方米，活动室不少于50平方米，厨房餐厅不少于40平方米，厕所不少于20平方米，浴室不少于5平方米，储藏室不少于25平方米。

（4）宿舍15间以上，每间建筑面积不小于17平方米，总床位30张以上。除老年人自带衣被、暖瓶、茶杯及脸盆、毛巾等洗漱用品外，宿舍配有床、床垫、衣柜、沙发（或椅子）、钟表等，配有统一的床单、被套、枕套、枕巾等。

（5）有厨房、餐厅。餐厅配有餐桌、椅子，厨房通上下水，配有整体橱柜、碗柜、电磁炉、电饭锅、微波炉、冰箱（柜）、排风扇等。

（6）有文体娱乐活动室。配有电视、DVD、象棋、麻将、纸牌、锣鼓、秧歌扇等文体娱乐器材。

（7）有储藏室，室内配有储藏柜，可满足老年人储藏生活用品。

（8）有浴室，通上下水，配有太阳能、浴霸、防滑垫等浴室用品。

（9）宿舍、餐厅、浴室窗户配有窗帘，门配有门帘（冬有棉门帘、夏有皮门帘）和扶手（三台阶以上）。

（10）宿舍、餐厅、厨房、活动室、浴室要装修水磨石地面、赛丽板或石膏板吊顶，塑钢门窗，木门或防盗铁门。厨房、浴室瓷砖贴地面、墙面。

（11）有健身活动场地，配有 4 件以上室外健身器材。

（12）取暖及消暑设施齐全。宿舍、餐厅、活动室配备暖气（水暖、电暖）和电扇或空调等取暖消暑设施。

（13）有男、女厕所，厕所内配有坐便、蹲便、扶手、洗手盆等。

（14）所有房屋内墙皮为白色、外墙涂为铁红或橘黄等适宜颜色。

（15）门牌标志明显，大院门牌为长木板牌，白底黑（或红）字；宿舍、餐厅等门牌为塑钢牌。

（16）组织健全，制度完善，管理规范。设有院长（或常务副院长）和各小组组长等；财务、卫生、安全等制度健全执行良好。财务账目健全、收支入账及时、定时公开收支情况。

（17）文化氛围浓厚。老年人饮食、卫生、养生、健身等知识上墙，定期组织他们进行学习和培训。

（18）有条件的村可建有菜园等配套场地。

二类农村互助幸福院建设标准：

（1）有门有院，有活动场地，通电、通水、通电话。

（2）总占地面积 900 平方米以上，总建筑面积 300 平方米以上，宿舍 10 间以上，总床位 20 张以上；设有厨房餐厅、文体娱乐活动室等。

（3）生活用品配备到位。宿舍有床、床垫、衣柜、沙发或椅子等。

（4）餐厅用品配备到位。有餐桌椅、橱柜、碗柜、电磁炉、电饭锅、排风扇等。

（5）文化娱乐健身器材配备到位。活动室有电视、DVD、象棋、麻将、纸牌、锣鼓、秧歌扇等。

（6）宿舍配备暖气（水暖、电暖）和电扇取暖及消暑设施。

（7）组织健全、制度完善、管理规范。设有院长（或常务副院长）和各小组组长等；财务、卫生、安全等制度健全、执行良好。财务账目健全、收支入账及时、定时公开收支情况。

（8）文化氛围浓厚。老年人饮食、卫生、养生、健身等知识上墙，定期组织他们进行学习和培训。

三类农村互助幸福院建设标准：

（1）有门有院、通电、通水、通电话。

（2）宿舍5间以上，床位10张以上；设有厨房、文体娱乐活动室。

（3）宿舍有床、床垫、衣柜等。

（4）有餐桌椅、橱柜、碗柜、电磁炉等。

（5）有电视、象棋、麻将、纸牌、锣鼓、秧歌扇等文体娱乐器材，供老年人娱乐活动。

（6）宿舍配备暖气（家用水暖、电暖）及消暑设施。

（7）定期组织老年人开展饮食、卫生、养生、健身等知识学习和培训。

（二）互助幸福院的保障措施

为了互助幸福院能够可持续发展，并且在建设过程中最大限度地满足农村空巢老人的需求，肥乡县委县政府推出了一系列支持互助幸福院的政策措施。

其一，促进幸福院医养结合。选择一些建设规模较大、入住老年人较多，且与村卫生室建在一起的互助幸福院，开展医养结合试点工作。在试点基础上，整合利用现有农村医疗卫生资源，在每个农村互助幸福院建设"康复小屋"，全面推广"医养结合"模式。村卫生室医生要每天抽出一定时间为入住幸福院的老年人开展"日记"式诊疗保健康复服务，即每天通过为幸福院老年人提供"测血压、量体温、问诊、医嘱、建档"等"五个一"基本医疗服务，及时排查疾病隐患，有效预防老年疾病，保障老年人身心健康。

其二，强化消防安全建设。全县所有精品型互助幸福院（高于一类互助幸福院建设标准，体现肥乡县特色，代表肥乡县水平的"样板"互助幸福院，但是这类互助幸福院不在肥乡县分类建设之列。）要全部安装消防烟雾自动报警联动系统，配齐灭火器、应急灯、消防应急水箱等消防器材，保障安全运行；所有示范型互助幸福院（相当于一类互助幸福院）要全部配齐灭火器、应急灯、消防应急水箱等消防器材，提高消防安全系数。

其三，丰富幸福院老年人生活。鼓励互助幸福院内身体健康的老年人发挥特长，开展虎头鞋缝制、十字绣、剪纸等手工制作。各乡镇要帮助互助幸福院老年人为其制作的手工制品注册商标、打造品牌，并通过媒体平台、电商平台提供销售、展示、包装等全方位服务，使互助幸福院老年人在老有所养的基础上，实现老有所为。

其四，加大政府支持力度。县财政每年列出300万元专项资金，用于幸福院建设和运行管理补贴。一是凡新建、改扩建的农村互助幸福院与村卫生室合建的，且建筑面积在400平方米以上，床位20张以上，设施配套齐全，管理规范，运行较好的，县给予补助。二是实行运行费奖补。对农村互助幸福院运行中的水、电、取暖等公共费用进行补贴，标准为每人每年500元。三是实行管理费奖补。

根据互助幸福院的类别分别给予一定的奖补。

其五，实行县直部门联系帮扶制度。各帮扶单位要成立帮扶领导小组，明确一名副职专门负责，除春节、端午节、中秋节、重阳节等重大传统节日进行慰问外，鼓励帮扶单位每季度到所联系幸福院至少开展1次义务服务活动，其中单位主要负责同志每年深入所联系的幸福院不少于3次。要按照"需要什么帮什么、缺什么帮什么"的原则，对联系点实施精准帮扶。帮扶的物品、物资、现金，必须在每年春节前送到联系点。慰问、服务活动结束后，要及时填写《县直单位帮扶农村互助幸福院物品（现金）反馈卡》和《县直单位帮扶农村互助幸福院开展慰问、服务活动反馈卡》，并上报县农村互助幸福院建设工作指挥部办公室。

其六，鼓励社会各界参与。县工会、共青团、妇联等社会团体要经常组织人员到互助幸福院为老年人开展各项服务活动。个体企业、工商户要组织单位职工到互助幸福院开展慰问活动。县委、县政府对兴办和资助农村互助幸福院建设的企业、单位和个人，捐助资金达到30万元以上，根据捐赠人的要求，经批准，可准予以企业、单位和个人的名义命名。

其七，严格督导考核。将农村互助幸福院建设工作列入乡村一把手工程，纳入对各乡镇和县直各有关部门的年度考核目标，县委督查室、县政府督查室要配合县农村互助幸福院建设工作指挥部办公室制定具体目标考核奖惩办法和日常督导办法，建立健全与考评、资金补助及农村干部绩效工资挂钩的督导考核机制。对领导重视、措施有力、管理到位并按时完成任务的，要在全县通报表扬；对重视不够、工作不力、任务落实差的，要严格追究相关人员的责任。

（三）互助幸福院的社会价值

农村互助幸福院的本质就是以集中居住的互助养老模式取代了

分散居住的家庭养老模式，兼具家庭养老和机构养老的特征，用较低的成本保障了农村独居老人各项基本需求，顺应了社会化养老的现实需要，符合当前农村经济社会发展的阶段性特征，使得尊老敬老的民族传统美德在农村得以弘扬光大。农村互助幸福院价值体现在三方面：一是老年人得到了精神慰藉。互助幸福院配备有电视、象棋、麻将、纸牌、锣鼓、秧歌扇等文体娱乐器材，供老年人娱乐活动。每个房间通常设置两张床位，或者三张床位，有的甚至更多。老年人这种集体宿舍式的居住方式使老人有了聊天的对象，情感交流的伙伴，解决了独居老人的孤独寂寞问题。除了参与互助幸福院提供的娱乐项目外，老年人还可以发挥自己的特长，缝制或编织富有地方特色的手工制品，如虎头鞋、鞋垫、坐垫等，一方面可以在一定程度上增加经济收入，更重要的是通过手工劳动，增进了大家的交流，体现了老年人的价值。二是减轻了子女的后顾之忧。从居住条件来说，互助幸福院配备了老年人生活中的各种生活设施，包括厨房用具、洗澡室、洗衣机等，所有的水电费和燃料费都是免费的，暖气采用集体供暖，既保证了老年人的温暖，又保证了老年人的安全，避免了煤气中毒事件的发生。许多老年人之所以入住幸福院，就是因为幸福院的生活条件比自家的还要好。当某个老年人身体上有不适时，其他老年人还可以给予生活上的照顾。幸福院在生活条件方面的优越性使远在外地务工的子女减少了后顾之忧，可以安心地工作生活。三是促进了社会和谐。农村互助幸福院调动了村党支部委员会、村民委员会（以下简称：村"两委"）、老年人及其子女和社会各界的力量，有力促进了农村家庭和社会的和谐稳定。对于村"两委"来说，互助幸福院的建设是造福村民的一件大事，无论是改造还是新建互助幸福院，都需要投入大量的时间和精力。

村干部付出得越多越能得到村民的认可，在村委换届选举中，凡是互助幸福院工作做得比较扎实的村庄，村干部都高票当选或者是全票当选。互助幸福院的建设拉近了干群关系，提高了村干部在村民心中的地位和威信。而老年人居住方式的变化减少了老年人和子女一起居住可能产生的摩擦。代沟是不同年龄群体之间的客观存在，不同的成长环境和生活经历都会在不同年龄群体上留下深深的烙印，使不同年龄群体的人在价值观念、生活习惯和生活方式上产生一定的差异。比如，老年人习惯节俭，年轻人喜欢时尚消费；老年人趋于保守，年轻人表现更为开放；老年人一般喜好安静，年轻人更多地喜欢热闹。随着年龄的增长，人体机能的衰退，老年人的饮食习惯和作息规律与年轻人也有很大的不同。老年人喜好清淡的食物，年轻人喜欢大鱼大肉；老年人习惯于早起早睡，年轻人更喜欢点灯熬油，晚睡晚起。老年人入住互助幸福院后，与子女形成了一种"分而不离"的状态，分开居住避免了两代人一起居住而产生的种种不适应；老年人居住在本村的幸福院，而不是其他地方的养老机构，使子女或孙子女能够比较容易地随时到幸福院看望老年人，保持着密切的情感交流。

第二节　农村互助养老模式的推广状况

一、政策层面

为推广农村互助养老模式，国家相关部门从管理制度、经济政策和医疗健康政策方面给予了政策支持。

（一）出台政策，全国推广

为进一步推广农村互助养老模式，国家层面先后出台了一系列政策。

1. 建设互助养老体系

《"十三五"国家老龄事业发展和养老体系建设规划的通知》（国发〔2017〕13号）明确提出要通过邻里互助、亲友相助、志愿服务等模式和举办农村幸福院、养老大院等方式，大力发展农村互助养老服务。符合标准的日间照料中心、老年人活动中心等服务设施覆盖所有城市社区，90%以上的乡镇和60%以上的农村社区建立包括养老服务在内的社区综合服务设施和站点。①《国务院办公厅关于全面放开养老服务市场提升养老服务质量的若干意见》（国办发〔2016〕91号），对提升农村养老服务能力和水平提出任务要求，鼓励各地建设农村幸福院等自助式、互助式养老服务设施。截至2016年底，全国社区养老服务机构和设施3.5万个，社区互助型养老设施7.6万个。民政部积极实施包括农村养老服务设施建设在内的敬老爱老助老工程。全国居家养老服务设施已基本覆盖城镇社区和50%以上的农村社区。初步形成了以家庭赡养为基础、养老机构和互助幸福院为依托、农村老年协会参与、乡镇敬老院托底的农村养老服务供给格局。②

2. 动员全社会的力量

在建设资金筹集和资源整合利用上要进一步拓宽渠道。坚持村集体经济投入为主，积极争取各方面资金支持，有效整合各部门投

---

① 国务院:《"十三五"国家老龄事业发展和养老体系建设规划的通知》，2017年3月6日，见http://www.gov.cn/zhengce/content/2017-03/06/content_5173930.htm。
② 国务院:《国务院办公厅关于全面放开养老服务市场提升养老服务质量的若干意见》，2016年12月23日，见http://www.mca.gov.cn/article/xw/mzyw/201612/20161215002746.shtml。

向农村的资源，结合新农村建设，进一步整合利用好可用于这方面惠民措施的资金和物资，并动员各方面社会力量参与，最大限度地发挥资金效益。鼓励慈善组织以及其他组织和个人为农村幸福院的老年人提供物质帮助。要广泛动员政府部门帮扶、社会组织参与和成功人士、家乡子弟做贡献，使农村老年人互助养老服务得到广泛的支持。因地制宜，逐步延展农村幸福院的服务范围和内容，满足农村老年人多样化的养老服务需求。农村幸福院的维护和管理要建章立制，通过建章立制或集体制定院规民约，让入住的老年人明确个人支付范围，知晓集体经济和政府补助事项，实现透明化管理。农村互助幸福院是农村养老的一种模式，民政部、财政部出台相关管理办法，鼓励各地根据《中央专项彩票公益金支持农村幸福院项目管理办法的通知》（财综〔2013〕56号）精神，制定符合本地实际的农村幸福院管理规章制度。

（二）经济支持政策

互助幸福院建设和运行的资金以彩票公益金为主，民间资本为辅。

1. 加大对农村养老服务财政支持力度

为解决农村养老服务设施不足问题，2013—2015年，民政部联合财政部累计投入中央专项彩票公益金30亿元，指导各地以建制村和较大自然村为基点，依托村民自治和集体经济，积极探索农村互助养老新模式，支持建设了10万个农村互助幸福院，覆盖率达到了15%以上。通过"村级主办、互助服务、群众参与、政府支持"的方式，有效满足了农村老年人居家养老的需要。财政部、民政部关于《中央专项彩票公益金支持农村幸福院项目管理办法》的通知指出，规范和加强中央专项彩票公益金支持农村幸福院项目管理工作。①

2. 促进社会力量参与包括农村幸福院在内的农村养老服务设施的建设和运营

按照《国务院关于加快发展养老服务业的若干意见》（国发〔2013〕35号）关于"激发社会活力，充分发挥社会力量的主体作用，健全养老服务体系"的指导思想，民政部会同发展改革委等部门下发了《关于鼓励民间资本参与养老服务业发展的实施意见》（民发〔2015〕33号），会同国土资源部等部门下发了《关于支持整合改造闲置社会资源发展养老服务的通知》（民发〔2016〕179号），联合人民银行等部门下发了《关于金融支持养老服务业加快发展的指导意见》（银发〔2016〕65号），此外，还联合相关部门在规划建设、购买服务、土地供应、税费优惠、补贴支持、人才培养和就业等方面出台了一系列配套政策，初步建立了激励引导社会力量参与养老服务业发展的政策体系，养老服务业已经成为社会资本高度关注的新兴业态。

（三）医疗健康政策

国务院会同国家卫生和计划生育委员会（简称国家卫生计生委）、民政部、人力资源部整合各类资源，拓展了互助幸福院的服务范围，推动农村互助幸福院向医养结合模式转型，建立健全农村养老服务的保障体系。

1. 整合各类资源，拓展农村幸福院的服务范围和内容

依托农村社区综合服务设施，拓展养老服务功能。立足于农村留守老年人数量大、居住分散等特点，依托基层党组织、村民自治

---

① 财政部、民政部：《中央专项彩票公益金支持农村幸福院项目管理办法》，2013年4月28日，见 http：//www.gov.cn/gongbao/content/2013/content_2455239.htm。

组织和基层老年协会等，以农村幸福院为阵地，开展基层联络人登记，建立应急处置和评估帮扶机制，在提供日常生活的相互支持基础上，关注老年人的心理、安全等问题。鼓励专业社会工作者、社区工作者、志愿服务者加强对农村留守、困难、鳏寡、独居老人的关爱保护和心理疏导、咨询等服务。

2. 建立健全医养结合政策

国务院办公厅转发了《关于推进医疗卫生与养老服务相结合的指导意见》（国办发〔2015〕84 号），民政部会同国家卫生计生委联合印发了《国家卫生计生委办公厅 民政部办公厅关于印发医养结合重点任务分工方案的通知》（国卫办家庭函〔2016〕353 号）和《关于做好医养结合服务机构许可工作的通知》（民发〔2016〕52号）等文件，积极推进医养结合工作。配合卫生计生委在全国 90 个地区开展医养结合试点。《关于开展长期护理保险制度试点的指导意见》（人社厅发〔2016〕80 号）指出：探索建立多层次长期护理保障制度。积极引导发挥社会救助、商业保险、慈善事业等的有益补充，解决不同层面护理需求。鼓励探索老年护理补贴制度，保障特定贫困老年人长期护理需求。截至 2017 年 4 月底，我国医养结合机构床位总数为 115.21 万张，其中医疗床位 26.63 万张，养老床位 89.58 万张，医养结合服务能力明显提高。① 农村幸福院通过与农村卫生室邻近建设或与镇卫生院签订合作协议，提高农村老年人的医养结合能力和水平。卫生计生委主要做了以下工作：注重预防、加大慢病防控力度，提升包括农村老年人在内的老年人慢病管理。持续实施了国家基本公共卫生服务项目，落实中央转移支付地方慢性病防治项

---

① 参见吴佳佳：《医养结合是应对老龄化的良方》，《经济日报》2017 年 7 月 18 日。

目，贯彻落实《全国精神卫生工作规划（2015—2020 年)》，在全国建设 265 个国家慢性病综合防控示范区。完善医疗保障制度，提升对包括农村老年人在内的老年人医疗服务质量。实现基本医保全国联网和异地就医结算，推动全面实施大病保险制度，印发《国家卫生计生委办公厅关于做好新型农村合作医疗几项重点工作的通知》，加快推进城镇居民医疗保险与新农合制度并轨，深入推进家庭医生签约服务。

民政部会同有关部门积极抓好《国务院关于印发"十三五"国家老龄事业发展和养老体系建设规划的通知》（国发〔2017〕13 号）、《国务院办公厅关于全面放开养老服务市场提升养老服务质量的若干意见》（国办发〔2016〕91 号）等文件落实，着力加强农村老年人民生保障和服务供给，着力保基本、兜底线、补短板、调结构，努力实现农村养老服务和产品供给主体更加多元、内容更加丰富、质量更加优良。

3. 建立健全农村养老服务的保障体系

研究制定家庭养老支持政策，鼓励子女与老年人就近居住或共同生活的带薪休假、经济支持、喘息服务、税收优惠等政策，为家庭成员与老年人共同生活、承担赡养义务提供经济支持或便利。发挥农村基层党组织、村委会、老年协会等作用，积极培育为老年人服务的社会组织，依托农村社区综合服务中心（站）、综合性文化服务中心、村卫生室、农家书屋、全民健身等设施，为留守、孤寡、独居、贫困、残疾等老年人提供丰富多彩的综合服务。通过邻里互助、亲友相助、志愿服务等模式和举办农村幸福院、养老大院等方式，大力发展农村互助养老服务。① 推动各地全面建立针对经济困

---

① 国务院：《"十三五"国家老龄事业发展和养老体系建设规划的通知》，2018 年 2 月 28 日，http：//www. gov. cn/zhengce/content/2017 - 03/06/content_ 5173930. htm。

难、高龄、失能老年人养老服务补贴、高龄津贴和护理补贴制度，并根据当地经济社会发展适时提高标准和范围。鼓励地方加大财政投入，逐步提高养老服务设施的建设补贴、运营补贴的水平，建立健全与服务保障水平相挂钩的奖补机制。人力资源社会保障部研究制定城乡居民养老保险待遇，确定与基础养老金正常调整机制，稳步提高城乡居民养老金水平，更好地保障城乡老年居民基本生活。

二、实践层面

随着城镇化进程加快，乡村留守老人比例增多。子女迁居城区或长期离家，农村家庭养老功能弱化，但不少农村老年人却宁愿"独居"也不愿离村。如何让老年人在不离乡、不离土的条件下就近养老，延续最熟悉的生活方式；如何让他们以较低费用享受到专业的养老服务，这是农村养老模式必须解决的问题。①

农村互助养老模式在推广过程中逐渐形成了多种模式，其中主要有：干部领导型互助养老模式，能人带动型互助养老模式，群众自治型互助养老模式。

（一）干部领导型互助养老模式

所谓干部领导型指的是村干部通过动员各种社会资源参与社会养老服务，并控制着互助养老服务的运作过程。典型形式有互助幸福院、互助养老合作社以及互助照料中心等。② 资金来源于各级政府财政补贴、村集体公有收入、社会慈善募捐等。在场地建设、资金

---

① 参见黄永娣：《农村老人足不出户享专业养老》，《解放日报》2015 年 10 月 6 日。
② 参见杜鹏、安瑞霞：《政府治理与村民自治下的中国农村互助养老》，《中国农业大学学报》（哲学社会科学版）2019 年第 3 期。

来源以及运营管理方面有较大优势，但造血功能不足，如果政府财政支持断裂，养老服务发展可能会中断。例如，河北省肥乡县的互助幸福院、上海市松江区堰泾村的幸福老人村、上海市奉贤区的睦邻"四堂间"、内蒙古自治区乌兰察布市的幸福院、河北省邢台市孙家寨村的饺子宴、福建省罗源县的慈善安居楼、吉林省的幸福大院、陕西省榆林市的幸福院、甘肃省的幸福院、北京市平谷县的邻里互助。各自的发展过程、模式特点、发展水平和成效如下：

1. 上海市堰泾村幸福老人村模式

为解决农村老年人就地养老问题，上海市堰泾村幸福老人村租用了村中闲置的住房，为100多位老人集中提供早餐、日间照料等多项服务。

（1）上海市堰泾村幸福老人村发展过程：2014年，当时35岁的蒋秋艳回到农村，建起了互助养老社区。2015年她租下周围9户人家的10处农宅，改造成收住老年人的场所。2016年2月份上海市叶榭镇堰泾村长者照护之家正式开始试运营，8个月的试运营后，于2016年10月9日正式投入使用。该项目总投资450万元，由3位发起人出资，其中薛敏律师共投资230万余元。"幸福老人村"试运行以来便受到了社会公益组织、爱心单位及个人等各方的广泛关注与支持，益行企业家促进会、黄浦公益慈善联合会等多家爱心单位自筹建阶段至2018年一直予以人力、物力和财力支持。

（2）上海市堰泾村幸福老人村模式特点：在完整保留农村老宅原样结构的基础上，探索通过内部设施改造和功能植入，在市郊乡村建设一座"更接地气"的养老社区。在运营模式、选址和出资等方面都进行新的尝试。堰泾村这些房屋设施，以农民宅基地使用权房屋为主，主创者将农民闲置下来的宅基地住房租用下来，按照日金折算，也为出租者提供了一个增收途径。①

（3）上海市堰泾村幸福老人村模式发展水平和成效：2018年，上海堰泾幸福老人村共租赁房屋9户10幢，占地面积8 000平方米，建筑面积1 600平方米，"村内"住养床位设49张，入住42人，幸福村内老年人平均年龄在87岁，其中，本村、本镇老年人占80%，其余来自松江区其他街镇。从失能程度上来看，约有1/3老年人为重度失能人员。幸福村设有老年人助浴点（公共浴室），每周二、五对外开放，有效地解决了农村老人洗澡问题；设有老年助餐点，向本村106位70岁以上困难、独居、五保户和空巢老人免费提供早餐服务；还有老年人日间照料点、乡村老年大学等等各类服务，受益100余人。与叶榭学校联合办学的"微孝课堂"，成为养教结合学习点；由海玲珑足浴会所、黄埔公益联合会、松江益行企业家促进会等联合发起的"幸福庆生会——微孝面对面"以及"微孝早餐"影响力不断扩大。还有"微孝1+1""微孝一公里""微孝一日捐""微孝早餐""微孝厨房""微孝农场""微孝一日游""孝工坊""灵指工坊""孝亲日"等。"微微孝行动"系列已融合成孝文化线下推广和公益对接的平台。堰泾幸福老人村负责人蒋秋艳在"青年影响社会"首届上海青年社区达人赛中获评"2019上海青年社区能人"称号，并受聘为上海青年社区达人公益宣讲团成员之一。幸福老人村项目开展后，得到了国家和地方各级领导的高度关注和充分肯定。先后有国务院参事组、民政部社会福利和慈善事业促进司、全国老龄工作委员会办公室等的领导前去调研。该项目也受到《经济日报》《解放日报》《新民晚报》《松江报》及上海电视台、东方

---

① 参见黄永娣：《农村老人足不出户享专业养老》，《解放日报》2015年10月6日。

电视台、松江电视台等各级媒体的关注，吸引了51家学校及爱心企业、社会组织和近5 000名爱心志愿者的热心参与。

2. 上海市奉贤区睦邻"四堂间"模式

奉贤区探索睦邻"四堂间"农村养老服务模式，是基于两对实际矛盾：一对是全区16.11万60岁及以上户籍老年人口中，绝大部分生活在农村，无法离开乡土乡邻；同时，大量年轻劳动力涌入城镇化地区寻求工作机会，无法实现对老年人的日常照料，以至于空巢老人达7万人，独居老人1.3万人。另一对矛盾是养老机构、社区日托等养老资源难以覆盖农村偏远地区；同时，农村老年人又普遍存在物质条件艰苦、生活服务设施欠缺等情况，亟待解决基本养老服务。

单靠居家养老，服务人员又满足不了；单靠机构养老，农村老年人经济有压力还拉不下面子；单靠模仿引进市区的日托站、长者照护之家，农村宅基布局分散等原因遭遇"水土不服"，这是农村养老面临的三大瓶颈。而宅基睦邻"四堂间"的新模式，正是结合郊区实际探索出来的一条农村养老新模式。

（1）上海市奉贤区睦邻"四堂间"模式的发展过程：2015年9月，上海市奉贤区青村镇李窑村9组成立了奉贤区第一家睦邻"四堂间"，探索郊区农村养老新模式。村里通过对一户居民空置的住房进行设施改造，使其成为老年人"吃饭的饭堂、聊天的客堂、学习的学堂、议事的厅堂"。到2016年7月，全区南桥、奉城、四团、柘林、庄行、金汇、青村以及西渡8个镇（街道）共累计完成63家。到2016年9月，全区有8个街镇共累计完成85家。2017年4月底全区共创建108家。从2017年起，奉贤区陆续引入企业、社会组织等力量参与养老服务项目。南方集团、柘中集团等企业已为全区睦邻"四堂间"配备电视机、空调等硬件设施，分别认领一定数量的"四堂间"，为其提供一对一资金补贴。此外，"拾光青年"等社会爱心组织也为所有睦邻点老年人提供志愿服务。

（2）上海市奉贤区睦邻"四堂间"模式特点：上海市奉贤区利用农村地区闲置的宅基房屋，通过基础设施改造，以"政府牵头、社会赞助、村委负责、老年自愿"的机制，为本宅基（村民小组）独居、高龄、困难等老年人提供"吃饭的食堂、学习的课堂、聊天的客堂、议事的厅堂"等就近养老服务。对符合创建标准的一次性给予创建补贴3万元，在运行中以"以奖代补"的奖励方式，由区、镇、爱心企业各出资5 000元奖励每个创建点。堂内设置老年人助餐点，助餐服务方式大致有三类：一是通过村委会购买服务，引入社会组织运营；二是通过镇政府向餐饮企业统一订餐，配送全镇所有睦邻点；三是由本村低龄老人服务高龄老人，自主运营助餐项目。老年人用餐每顿6元的标准；老年人在村里走几分钟就能到助餐点，吃完饭后聊会儿天、看会儿电视；定期还会有志愿者来表演和服务。"堂长制"现有的睦邻四堂间已全部配备相应的村干部作为"堂长"。①

（3）上海市奉贤区睦邻"四堂间"发展水平和成效："四堂间"社区养老服务的布局，在上海市奉贤区已覆盖了一半以上的行政村，在"十三五"末创建500家，实现全覆盖。

3. 内蒙古自治区乌兰察布市幸福院模式

从2012年开始，内蒙古自治区乌兰察布市将农村牧区养老问题

---

① 邹娟：《上海奉贤推广居家养老"睦邻四堂间"》，2016年11月16日，见 https://www.guojiayanglao.com/2016/11/16/417.html。

同危旧房改造、调整农村产业布局、脱贫攻坚相结合，利用撤并后闲置的学校、乡镇办公场所等现有设置，集中建设生活、医疗、文化设施齐全的"互助幸福院"。采取"集中居住、分户生活、社区服务、互助养老"的模式，让农村 60 周岁及以上有生活能力、无生产能力的五保户、低保户、贫困户就近搬迁到中心村的"幸福院"居住。老年人既不脱离当地生活环境，又方便政府集中提供服务。

（1）内蒙古自治区乌兰察布市幸福院的发展过程：从 2009 年开始，当地开始尝试集中建设"互助养老幸福院"。2012 年 1 月出台了《乌兰察布市农村牧区互助幸福院建设实施方案》。为积极推广乌兰察布市互助幸福院模式于 2012 年 8 月自治政府下发了《内蒙古自治区人民政府关于推进农村牧区互助养老幸福院建设的意见》，就此全区展开互助幸福院的快速建设，从 2012 年起，每年完成标准化养老住房 2 万户以上，通过 4 年的努力，基本实现对 60 岁以上老龄人口自愿集中养老全覆盖，基本实现互助幸福院利用有序接续。

2013 年 8 月 30 日建设的乌兰察布市察右中旗科布尔镇老年互助中心幸福院有住房 500 间，建成后就吸引了周边城镇 260 多户 60 岁以上老年人入住。截至 2013 年底，该市已建设养老互助幸福院 431 家，入住老年人家庭 40 636 户，投入建设资金约 12 亿元。2018 年 10 月该旗共撤并小村 171 个，新建集中安置点 79 个，新建改建住房 10 407 户；全旗未解决住房安全的 1 669 户也全部开工，完成 85% 的工程量。[1]

（2）内蒙古自治区乌兰察布市幸福院模式特点：互助幸福院以

---

[1] 参见于保明：《乌兰察布创建互助幸福院养老新模式》，《中国改革报》2016 年 7 月 11 日。

中心村为单位，充分利用敬老院、闲置校舍、旧乡镇政府等闲置办公场所，配套建设文化、卫生等公共服务设施，按照自治、自愿、自理、自助的原则，采取"集中居住、分户生活、自我保障、互助服务"的运营模式为老年人提供服务。互助幸福院院长不是上级任命，而是由院民推举选出，得票数超过 2/3 才能当选。①

（3）内蒙古自治区乌兰察布市幸福院的发展水平和成效：2012—2018 年，乌兰察布市投入超过 12 亿元，共建成互助幸福院 458 家，入住老年人家庭 43 046 户，入住老年人 51 769 人，其中低保户 27 894 人，五保户 3 000 余人，建档立卡户 1.1 万余人。

2018 年 7 月份已经建立农村牧区养老服务点 33 个，建成中心敬老院和区域敬老院 20 处，床位 3 086 张。已在城镇地区建成社区老年人日间照料中心 121 个，市级综合老年养护院 1 所，社会福利院和社会福利中心 8 个，民办养老机构 17 所。共建设 8 个医养一体化项目，其中集宁区华康颐养康复中心和化德县莲德养老有限公司已经建成投入使用，另外 6 个正在建设中，预计床位达到 3 500 张左右。

4. 福建省罗源县慈善安居楼模式

福州市和罗源县两级慈善总会、爱心企业家共筹集了 13.5 万元，通过改造当地的一所废弃的小学校舍，让因一场大火后无家可归的孤寡老人搬进去居住。为解决其他老年人养老问题，福建省其他县市合理利用闲置设施，先后建设了多家农村慈善安居楼。②

（1）福建省罗源县慈善安居楼发展过程：2011 年 2 月 21 日，一场大火降临福建省罗源县飞竹镇安后村，大火烧毁房屋 89 间，23 户

---

① 参见于保明：《乌兰察布创建互助幸福院养老新模式》，《中国改革报》2016 年 7 月 11 日。
② 参见卞军凯、罗源：《盘活闲置房，让老有所居》，《福建日报》2018 年 6 月 16 日。

105 人受灾，福州市慈善总会和福建省罗源县慈善总会多方筹集13.5 万元善款，为他们兴建安居楼，10 月份罗源县建成全省首座慈善安居楼。2012 年 12 月罗源县凤山镇建成 3 座慈善助老安居楼。2014 年 4 月罗源县已建成慈善安居楼 8 座，总面积 2 698 平方米，共投入善款 275 万元，安置了 87 位无房居住的五保人员。截至 2015 年 7 月底，已建成慈善安居楼 9 座，投入资金 351.5 万元，安置 107 位老年人，入住率已达 90%以上。①

（2）福建省罗源县慈善安居楼模式特点："统一建设、集中居住、村级管理、互助服务"。建设方面：县里设立专项资金，对在建安居楼每座补助 10 万元至 15 万元不等。运营方面：水电等日常运转费用，采取县财政补贴一点、村财政筹措一点、村民自付一点的办法解决，实行三方共建模式。管理方面：入住的孤寡老人需签订《入住人员守则》，明确监护人。这些老年人大多有兄弟姐妹及其他亲友，把这些人设为"第一监护人"，可确保老年人在遇到疾病等困难时能得到更好的照顾。②

（3）福建省罗源县慈善安居楼模式的发展水平和成效：截至2018 年底，罗源县已建成 103 座慈善安居楼，覆盖约 55%的行政村。这种将农村养老资源整合，充分发挥农村养老的优势，做到"离家不离村"的养老模式，让老年人生活得更加舒心。

（二）能人带动型互助养老模式

能人指的是那些在村庄公共生活中具有较大影响力和权力的人，是影响村民自治的最直接力量。能人带动型养老指的是由村庄中有

---

① 参见卞军凯、罗源：《盘活闲置房，让老有所居》，《福建日报》2018 年 6 月 16 日。
② 参见卞军凯、罗源：《盘活闲置房，让老有所居》，《福建日报》2018 年 6 月 16 日。

能力有影响的人发起并组织，通过整合各种资源兴办老年人互助事业。资金来自村"两委"拨款、会费以及社会捐赠等。主要特征是自治性强，充分发挥老年人力量，但是由老年人组织领导的团体可能会难以胜任互助养老服务的组织和管理工作。例如：四川省成都市的益多公益模式、湖北省赤壁市的曙光合作社模式。

1. 四川省成都市益多公益模式

相较于城市各类养老资源相对富余的状况，农村老年人的养老形势更加严峻。第六次全国人口普查数据显示，整体上城市老年人口中生活失能的比例为 2.5%，而农村老年人口失能比例则高达 3.3%。如何应对这个问题，关注这个领域的人并不多，全国各地都在探索，但进展缓慢。2007 年，正在西华大学读研二的于涛打算勤工俭学，正好有朋友创办了一家民办养老院，于涛就这样成为了养老院的院长。为了干好工作，他考察了当时成都的各类养老院，发现很多养老院不仅硬件设施比较落后，还普遍存在服务不专业的问题，老人们虽然有衣穿有饭吃，但精神方面的关爱几乎没有，养老市场在技术层面的落后让于涛产生改变这种状况的念头。①

（1）四川省成都市益多公益的发展过程：四川省成都市益多公益服务中心（简称益多公益）最早成立于 2008 年汶川地震后，由恩派（非营利社会组织）孵化。2009 年益多公益承接首个灾后重建项目——什邡落水镇老年活动中心。2010 年建设成都市首家社区日照中心——东光街道养老助残中心。2011 年建设首个居家养老服务项目——东光社区助老服务站。2014 年 12 月，注册成立连锁社会组织——天府新区益多。2016 年，天府新区益多获评 5A 级社会组织，

---

① 参见吴浩等：《农村养老九大碗里"尝新鲜"》，《四川日报》2016 年 8 月 25 日。

成都益多获评4A级社会组织。

（2）四川省成都市益多公益模式特点：引入了社会工作介入模式，通过社会工作者联合志愿者为老年人开展护理服务。

每个入会的老年人每年缴纳10元会费，用会费投资"老年茶坊"等项目，成都市益多公益每年拿出30%的投资收益用来开展社区活动，设立失能老人关怀"基金"和"居家养老服务队"，资助失能老人或为相关护理员提供补贴支持。①

（3）四川省成都市益多公益模式的发展水平和成效：2008—2016年，累计服务老年人近30万。

2. 湖北省赤壁市曙光合作社模式

湖北省农村60岁以上老年人中，大多是留守老人。由于缺乏劳动力，田地大多处于抛荒、半抛荒状态，伴随老龄化现象越来越严重，留守老人的数量不断增加，他们的生活和健康问题已成为社会关注的问题。针对这一现象，赤壁市曙光农业合作社提出了"合作社＋农村互助养老"的设想。

（1）湖北省曙光合作社的发展过程：2017年11月份余曙光先后投资20多万元，把合作社闲置的厂房进行刷新，添置了席梦思床具、被套、床单等物品，还购买了音响等设备，将村里的留守老人进行登记，并签订入院协议，曙光合作社养老中心正式启用。

（2）湖北省曙光合作社模式特点："合作社＋农村互助养老"的新思路。合作社建养老院，农民流转土地冲抵部分养老费，老年人入住养老院后集中供养。集中养老每人每年花费6 000多元，土地流转费户均2 000多元，缺口有4 000元，缺口费用通过老年人在合

---

① 参见吴浩等：《农村养老九大碗里"尝新鲜"》，《四川日报》2016年8月25日。

作社的有偿劳动解决。有劳动能力的老年人可参与养猪、养鸡、种菜，也可照看其他行动不便的老年人。工作都记工分，按月结算冲抵养老费，再加上农村养老金、粮食种植补贴等，如果老人身体比较好，基本不用自己出钱。若身体不好，则需要出差额部分费用。

（3）湖北省曙光合作社的发展水平和成效：截至 2018 年 1 月底，赤壁市中伙铺镇官庄村老年人互助照料中心已有 4 位老年人入住这座"新型养老院"，每天有 20 多位留守老人前来休闲娱乐，流转土地 3 000 多亩（1 亩 = 0.066 7 公顷），有效地解决了当地土地大量抛荒的问题。

（三）群众自治型互助养老模式

群众自治型即村民直接决定和参与村庄的养老服务，互助养老实践的推动力量来自普通群众。典型类型有亲友互助、邻里互助、结对互助等。主要特征是充分体现村民的自治性，互助形式更为灵活，其养老服务的有效供给范围较窄，只能覆盖到小部分群体，如湖北省沙洋县的老来乐互助组、陕西省安康市的结伴养老。

1. 湖北省沙洋县老来乐互助组养老模式

老年人独居情况普遍，身体状况下降，疾病频发，虽然老人们能在生活上相互照料，但是儿女长期外出，独居老人的精神急需慰藉。

（1）湖北省沙洋县老来乐互助组的发展过程：2016 年 10 月，湖北省伦理学学会在鄂闽伦理学界研讨会上，推介了彭塘村邻里互助养老的实践与探索。2016 年 12 月 29 日，"偏远乡村以老敬老服务实验"在沙洋县沈集镇彭塘村正式启动，为扩大覆盖面，又在此基础上成立了金慧故里老来乐互助组，有 14 名空巢老人，到 2017 年 1 月份申请加入互助组的老年人已经达到 30 人。2018 年 1 月 11 日，在湖北省沙洋县沈集镇彭堰村金慧故里挂上了老来乐互助组牌匾，标志着金慧故里老来乐互助组开始了规范化运营。

（2）湖北省沙洋县老来乐互助组模式特点：实行低龄老人为高龄老人服务、健全老人为残疾老人服务的模式，主要通过集中村里四组空巢老人，让他们通过邻里间互帮互助安度晚年。

（3）湖北省沙洋县老来乐互助组的发展水平和成效：截至2019年1月底，沙洋彭堰村已有32名老人加入老来乐互助组，该养老模式得到湖北省伦理学会的认可，并在全省推广。

2. 陕西省安康市结伴养老模式

陕西省安康市镇坪县钟宝镇，在一座人迹罕至、草木茂盛的深山中，居住着81岁的郑东远和67岁的亲家向颜忠。自2007年始，两位老人朝夕相处、同甘共苦，感情亲如兄弟。

（1）陕西省安康市结伴养老模式发展过程：在陕西省安康市镇坪县钟宝镇，81岁的郑老汉与67岁的向老汉两位老人是亲家关系。由于子女都外出务工，两位老人习惯了深山里的生活，不愿意搬到山下，继续留在深山，一起劳动，一起生活，开始结伴养老。

（2）陕西省安康市结伴养老模式特点：结伴养老成员至少为两人以上，成员间相互了解，知根知底，熟悉各自脾气秉性，生活中容易形成默契，减少不必要的矛盾，关系稳定长久。

（3）陕西省安康市结伴养老模式的发展水平和成效：两亲家结伴养老，一起种地，一起养牛，一块养蜂；不仅生活上自给自足，多余的钱还贴补儿女2万多元。结伴养老模式不仅得到了农村老年人的认可，还吸引了城市老年人去农村结伴养老，他们或租用农村住房，或自建新房，多则4—5个家庭，少则1—2个家庭，实现了生活上相互照顾、精神上互相慰藉。

第三章　农村空巢老人的需求调查

一种养老模式是否能够被老年人接受，取决于互助养老模式的服务内容、运行机制、服务效果是否以老年人的需求为视角。为了完善现有的农村互助养老模式，课题组在 2016 年对河北省张家口市崇礼县的一个村庄进行了典型调查，对邯郸市肥乡县域的农村互助幸福院进行了抽样调查，考察了农村空巢老人的生活状况和对互助幸福院的认知与需求。

第一节　农村空巢老人的典型调查

一、典型调查的研究背景

基于空巢老人问题的日益凸显，在国家脱贫攻坚背景下，笔者选择了地处贫困地区且老龄化程度较高的一个村庄作为研究的典型。

（一）现实需要

随着家庭小型化以及快速的城镇化和人口流动，越来越多的农村老年人过着子女不在身边或没有子女的空巢生活，他们所需要的生活照料和精神关爱等问题日益凸显，已经成为影响老年人生活质量的主要因素。

（二）选点原因

面对严峻的农村空巢老人的养老问题，河北省钻石公益基金会成立并专注于农村空巢老人的养老问题，积极开展工作，探索适合农村实际的养老模式，在此背景下选择河北省崇礼县狮子沟乡 10 号村作为典型展开关于空巢老人问题的调研原因主要是基于两点：一是该村空巢老人家庭户占全村的 40%；二是因为该村地处贫困地区，研究成果可以助力脱贫攻坚。

二、样本点的基本情况

河北省崇礼县狮子沟乡 10 号村，由于大量年轻人外出务工，空巢现象较为突出，笔者选择的这个村庄集中反映了农村空巢老人养老中面临的问题。

（一）地理位置

河北省崇礼县狮子沟乡 10 号村位于崇礼县北部，地处桦皮岭脚下与张北县接壤的沿坝头地带。10 号行政村下辖 10 号、6 号和 8 号3 个自然村，村委会设在 10 号村，6 号和 8 号自然村距离 10 号自然村不足 0.5 公里。10 号自然村区位条件较好，242 省道穿 10 号村而过，因而也是人口最多的村。10 号村地理位置较偏，产业基础薄弱，农民增收致富的渠道较窄，大量青壮年劳力外出务工，整户搬迁的也越来越多，农村空心化现象日趋严重。

（二）人口概况

10 号村有 319 户 576 人，而常住人口只有 190 户 290 人。"空心"村往往同时也是"空巢"老人集聚村，空巢老人家庭 76 户，占常住户的 40%，其中，有子女在本村的 12 户，子女不在本村的 64 户，丧偶独居的空巢老人家庭 26 户。由于很多老年人在县城或者其他地方帮助外出子女带孩子，调查时 10 号村实际只有老年人 35 户 63 人，其中 7 户为 1 人户，我们利用判断抽样的方法选择了 15 户，每户选择 1 位老年人，对 15 人进行了深度访谈。

三、空巢老人面临的问题

根据对访问村干部和入户调查所获得的资料进行深入分析，发现 10 号村空巢老人面临的问题突出反映在以下四个方面：

（一）空巢老人收入来源少，生活水平低

以低保为主的政府救济在保障老年人生活方面发挥了重要作用，已经成为超过老年人自己劳动所得和子女支持之外的重要经济来源。10 号村的老年人所享有的社会保障待遇包括，每人每月 148 元的低保金、每人每月 75 元的基础养老金，个别家庭还有农村退伍军人优抚金和计划生育奖励扶助金，除此之外还有土地出租金以及退耕还林补贴等收入。就按照低保金和基础养老金两项全覆盖计算，老年人年人均收入水平已均处于国家贫困线之上。

但是，主要依赖社会保障收入只能维持老年人的基本生活，在老年人需求尤其是医药需要增加的情况下，生活就显得十分窘迫。村里 70 岁以上的老年人大多不再耕种田地，社保收入基本是唯一的收入来源；70 岁以下的老年人大多还在种田，但地薄田少，收入并不多；子女在经济上的支持极为微小，大多数子女在大的节日会赠予老年人礼品，一般很少给予现金。

（二）空巢老人或家庭成员受疾病困扰

我们入户走访中，深切感受到老年人所面临的最突出的现实生存困境源于两个方面：慢性病的折磨和子女遭遇不幸。这两种境遇使老年人陷入痛苦和悲伤之中难以自拔，对老年人的生活质量和健康水平产生明显影响。人口平均预期寿命的延长和人口老龄化的加剧并不意味着老年人的健康水平相应提高。调查的 9 位老年人中有 5 位有慢性病，主要有高血压、心脏病、关节炎、胃溃疡以及精神心理性疾病，部分老年人患有两种及以上疾病。老年人患慢性病的原因一方面是因为随着年龄的增长而逐步形成的生理和心理上的退行性变化，更多的则是由于年轻时劳动强度大造成身体损伤在进入年老时的反应和生病后拖延甚至不做任何治疗而带来的后果。尽管农村合作医疗制度进一步完善并在减轻农民治病负担上发挥了较大的作用，但由于认知、习惯及经济条件的限制，很多农村人尽管疾病缠身，痛苦不堪，但积极治疗者很少，就是到了老年，小病拖、大病扛依然是惯常选择。

相对于老年人自身所受慢性病病痛的折磨，子女所遭遇的不幸对老年人的困扰和折磨更甚。子女收入低、负担重、身患疾病等都会使老年人牵挂，尤其是有子女身患重疾，让老年人长时间处于紧张、焦虑的状态中。走访中我们就遇到这样一对 80 多岁高龄的老年夫妇，他们的二儿子夫妇都患有重疾，谈及二儿子老年人老泪纵横，苦不堪言。言语中充满对儿子一家遭遇的忧愁、恐惧。长时间地受这种不良心理的影响必然会给老年人的健康带来严重危害。

（三）生活自理能力丧失后的生活缺人照料

当问及"如何看待养老"时，多数老年人简短的"不好说""没法说"反映出农村老年人在养老问题上的顺其自然与听天由命，更饱含着难以言说的无奈与无助，已然找不到多年前问及此问题时老年人普遍会提及"儿子管"时的坦然与自信。子女赡养父母责任在淡化，传统的人格亲情上的尽忠尽孝的道德约束力越来越小，"养儿防老"的观念正在发生变化。子女养老时间日益缩短，老年人自养时间在延长，很多老年人在进入老年阶段后主动放弃生活标准，不得不面对生活质量的下降。

走访调查中的空巢老人家庭，多数都有生活自理能力，个别丧失生活自理能力的老年人也有配偶照料。但是这些老年人或因病或因年长终会丧失生活自理能力，届时即便听天由命也必然要面对生活照料的现实问题，对国家也是一个非常严峻的挑战，毕竟让农村老年人在无奈中苦熬残年绝然不是现代社会应有的境况。

难言的养老隐忧还在于养儿难防老之外的别无他择。与城市空巢老人面对的渐趋发达的社会化养老不同，农村老年人在丧失生活自理能力后来自公共资源的支持几近于零。农村家庭尤其是空巢老人家庭经济能力有限，不可能满足高龄老人在养老院供养照料的需求；农村空心化以及村落分布分散的状况制约了在农村生长出必要的居家服务的市场供给；在一些地方试水的互助养老也只是具有生活自理能力者的"抱团取暖"，而部分或完全丧失生活自理能力的老年人与"抱团取暖"依然无缘。

（四）精神寂寞影响老年人生活质量

精神寂寞是精神赡养不足的必然结果。调查显示，老年人精神赡养不足主要由两方面原因造成：一方面是随着子女外出务工造成的空间距离的加大，离土离乡的状况使他们照料老年人的难度空前加大，代际关系也在日渐淡漠。走访中发现外出子女一般通过电话与父母沟通，全家外迁的一般回来看望父母的次数很少。即使子女在本村，由于分家单过，子媳与父母、公婆的相互接触较少，感情也相当淡薄，一些家庭由于公婆与媳妇儿子的关系紧张而互不来往。

另一方面则是空壳化的村庄越来越凋敝，缺少生气的氛围压抑了老年人的生活激情和信心。以前农村人还能互相串串门、聊聊天，而现在这些传统的社交方式日渐缩减。尤其是像 10 号村这样冬季漫长的地方，老年人的活动也只能局限在家中狭小范围，白天忙些家务，晚上看看电视打发时间。精神文化缺乏，大量空闲时间难以打发，导致精神苦闷。

第二节 入住老年人对互助幸福院认知的调查结果

在河北省邯郸市肥乡县进行的典型调查中，从全县所有的 246 家互助幸福院中采用简单随机抽样（抽签法）的方式选取 20 家互助幸福院，在选定互助幸福院中用分层抽样方法抽取 150 名入住老人进行调查和需求评估，获得有效问卷 117 份。

一、对居住条件的期待

居住条件包括老年人生活的空间、室内外基本配套设施等，条件的好坏直接影响到老年人的生活质量，也是肥乡县互助幸福院分类的依据之一。例如，一类幸福院应该配有厨房、餐厅、储藏室，有浴室、取暖及消暑设施，男女厕所、门牌标志明显，有菜园、活动场地。

性别对老年人选择与其他老年人一起居住还是单独居住有一定的影响，10.00% 的男性老年人比较希望单独居住，15.58% 的女性老年人比较希望单独居住；12.50% 的男性老年人非常希望单独居住，20.78% 的女性老年人非常希望单独居住，女性老年人非常希望单独居住的比例比男性高了 8.28 个百分点。77.50% 的男性老年人对是否单独居住持无所谓态度，62.34% 的女性对是否单独居住持无所谓态度。经过访谈，发现女性更注重隐私，希望单独居住，但是单独居住并不在政府设计幸福院的考虑之中，所有的幸福院没有设计单人房间，基本上都是多人住在一个房间里，以便老年人进行相互照料。

不同年龄老年人对单独居住的要求没有很大的差别，总体上看，无所谓的占到了将近 70.00%，在 65 岁以下的老年人中没有老年人希望单独居住，绝大部分希望单独居住的老年人年龄在 70 岁左右。

婚姻状态是影响老年人是否单独居住的另一个因素，对于已婚的老年人来说，没有人选择单独居住，原因是空巢老人可以双方一起入住幸福院。只有未婚和丧偶的老年人希望单独居住，未婚的老年人习惯了长期的独自生活，比丧偶的老年人更希望单独居住。

老年人对洗澡室设置的要求不是很高，男性老年人中 57.50% 认为洗澡室是无所谓的，非常希望有洗澡室的占到了 25.00%。与男性老年人比，女性老年人希望有洗澡室的比例接近 60.00%，女性比男性老年人对卫生条件提出了更高的要求。

对于洗澡室的提供，不同年龄段的老年人的需求有一定的差别，越是低龄的老年人，对洗澡室的要求越不强烈，持无所谓态度的人数是比较希望和非常希望有洗澡室人数的大约 3 倍；在 66—70 岁年龄段的老年人，比较希望有洗澡室和非常希望有洗澡室的人数几乎与持无所谓观点的相同；在 71—75 岁年龄段中，比较希望有洗澡室和非常希望有洗澡室的人数比持无所谓态度的老年人高出了 6 个百分点；在 76—85 岁年龄段中，比较希望有洗澡室和非常希望有洗澡室的人数是持无所谓观点人数的约 4 倍。随着年龄的增长，老年人收入逐渐降低，高龄老年人自家建有洗澡设备的可能性越低，老年人越依赖互助幸福院建有洗澡室。加之年龄越高的老年人在自家居住的时间比在互助幸福院更少，他们不需要有更多的时间管理庄稼和料理家务，甚至已经不能管理庄稼和料理家务，几乎以互助幸福院为家，因而对洗澡室的提供提出了更高的要求。

婚姻状态是影响老年人对互助幸福院是否建有洗澡室的另一个因素，在丧偶老年人中比较希望和非常希望有洗澡室人数比持无所谓态度的老年人多了将近20个百分点。已婚老年人中绝大多数老年人对互助幸福院是否建有洗澡室持无所谓态度，说明他们对幸福院的依赖程度较低。

对于空调的要求，不同性别的老年人也表现出了一定的差别，男性老年人比女性老年人更希望安装空调，只是差别不大，仅仅高出了约4个百分点。总体说来绝大部分老年人对互助幸福院是否安装空调持无所谓态度，男性占70.00%，女性占74.03%。令人感到意外的是，虽然女性持无所谓态度的老年人比男性更多，但是在女性老年人中，认为非常希望安装空调的老年人是男性老年人的几乎2倍。在肥乡县互助幸福院中，空调的使用仅仅限于夏天，冬天采暖使用的是暖气。如果老年人不倾向使用空调的话，一定是有更使人舒服的方式，如电扇，尤其是吊扇，扇出的风远比空调更温和。如果女性老年人中有更多的愿意使用空调，说明女性老年人对空调有更强的抵抗力。

从年龄方面来看，较低年龄的老年人对空调的要求更多持无所谓的态度，在60—65岁年龄段中，持无所谓态度的老年人与比较希望和非常希望安装空调的老年人相比，高出了约18个百分点；66—70岁年龄段中，持无所谓态度的老年人占比也比较大，比希望安装空调的老年人多出了约 16 个百分点，说明他们对互助幸福院的依赖是最小的；在 71—75 岁年龄段中，非常希望安装空调的老年人占比最大，为 5.98%，有部分老年人反对安装空调；在更高的年龄段中，持无所谓态度的比例减小，希望安装空调的比例增大。总体说来，互助幸福院中安装空调的必要性较小，应该更多地采用其他设施。

为了印证老年人对空调的排斥，调查中询问了老年人对安装电扇的态度，60—65 岁年龄段中依然是有更多的老年人持无所谓的态度，对于他们来说，无论是安装空调还是电扇都是无所谓的，因为他们更多的时间住在自家中，对互助幸福院的依赖较小；71 岁以上的老年人希望和非常希望安装电扇的占比最大，从相对比例来说，71—75 岁年龄段中，非常希望安装电扇的老年人与持无所谓态度的比例相等，而在 76—80 岁年龄段中，非常希望安装电扇的比例是持无所谓态度的 4.5 倍；从绝对比例来看，希望和非常希望安装电扇比持无所谓态度的老年人多出了 20 多个百分点，说明电扇是更适合老年人的解暑电器。

对于电扇的要求，不同性别的老年人也表现出了一定的差别。与安装空调不同，女性老年人比男性老年人更希望安装电扇，而且差别很大，高出了约 20 个百分点。总体说来绝大部分男性老年人对互助幸福院是否安装电扇持无所谓态度，男性占 60.00%，女性占 37.66%。女性老年人更倾向于使用电扇，尤其是吊扇，因为女性老年人患风湿、类风湿性关节炎的比例更高，尤其是 65 岁以上的老年人是类风湿性关节炎高危人群。电扇扇出的风远比空调更温和，因而更受到女性老年人的青睐。

为了给老年人提供更多的精神支持，使常年在外的子女可以通过电脑视频与父母见面、聊天，在互助幸福院设立电脑聊天室是一个富有建设性的设想。出人意料的是，无论是男性还是女性，有97.50%以上的老年人认为有没有电脑房是无所谓的，甚至个别老年人持反对意见，尽管女性老年人中，持无所谓态度的比男性低了约5.29个百分点，但是，老年人对电脑的冷漠出乎调研人员的意料。其中的原因可能是因为老年人文化水平低，很少或者从来没有接触过电脑，也可能是因为他们还没有认识到视频聊天的乐趣。

从年龄层面上看，对配备电脑设施持无所谓态度的老年人占到94.00%，加上有1.70%的人持反对态度，电脑对互助幸福院的老年人来说真是可有可无的设施。

相比较而言，电脑对于有偶和无偶老年人来说，差别不是非常明显，因为对所有的老年人来说，电脑本来就没有多大意义。如果说有差别的话，对丧偶的老年人来说，有4.27%的希望配备，对已婚老年人和未婚老年人来说，持无所谓态度的占到100.00%。

文化程度是影响老年人再社会化的一个重要因素，文化程度越低，接受新知识、新观念的难度越大。受访农村老年人中没有受过任何教育的老年人的比例高达70.86%，小学文化程度占22.49%，总共有95.85%的老年人在小学及以下。非常明显的是只有没有受过任何教育的老年人中有1.72%的老年人认为不希望配备电脑，也就是说，所有的拒绝配置电脑的老年人都集中在了没有接受过任何教育的老年人群体。

二、对娱乐设施的期待

电视在百姓生活中的作用毋庸置疑，从幼儿到成人，再到老年人，电视扮演着不可或缺的角色，希望配备电视的比例比对电脑的要求明显提高。从性别差异上来看，有30.00%的男性老年人表现出强烈的愿望，女性老年人为 19.48%；15.00% 的男性老年人比较希望配备，女性老年人为 10.39%。男性老年人显示出对电视更多的兴趣，高出了约 15 个百分点。

户外的健身器材比较普及，但需要较好的天气条件，如果遇到风雨天气、严寒天气，尤其是漫长的冬季，仅仅室外的健身器材无法满足老年人的健身需求。从性别差异来看，女性对室内健身器材表现出更多的兴趣，是男性老年人的 6 倍；更多的老年人持无所谓的观点，可见农村老年人对室内健身器材的期望并不高，男性老年人持无所谓态度的占到 90.00%，女性为 77.92%。

对于农村养老院来说，菜园虽然不能像电视给老人们提供娱乐节目，也不像活动室给老人们提供锻炼或棋牌等娱乐场所。但是，老年人通过在菜园的劳作，可以娱悦身心，提高精神生活质量。为此，菜园也可以作为娱乐设施在互助幸福院中设置。

互助幸福院里的老年人基本上都是农民出身，可以说种地种了将近一辈子，对土地有深厚的情感。菜园的配备无论对充实老年人的精神生活，给老年人一个锻炼身体的机会，还是提供现实的蔬菜供应，都是一个很好的设计。从性别差异上看，女性老年人对菜园表现出更大的兴趣，占到 49.35%；相比较而言，40.00% 的男性老年人希望配备菜园，比女性老年人低了近 10 个百分点。总体说来，菜园受老年人喜欢的程度较高，没有人提出排斥的态度。

从年龄差异考察老年人对菜园的态度显示出，随着年龄的增长，老年人对菜园的喜好程度逐渐增加。60—65 岁年龄段的老年人对菜园的喜好程度最低，占到该年龄段的不足 1/3；60—70 岁年龄段的老年人中，希望配备菜园的老年人占到 1/3 强；71 岁及以上年龄段中，则有超过半数的老年人希望配备菜园。种菜虽然是一个体力劳动，因其劳动强度不是很大，对多数年龄偏大的老年人来说并不是一个问题，所以越是年龄稍长的老年人越是希望设置菜园，反倒是低龄老年人对菜园的设置更多持无所谓的态度。主要原因在于老年人对互助幸福院的依赖程度是不同的，越是年长的老年人住在幸福院的时间越长，越是低龄的老年人越是把更多的时间安排在了自家的耕地和家庭中，他们在子女外出务工之后变成了主要劳动力，连同子女的承包地都需要他们来耕种，他们把更多的时间用在了自家的菜园和责任田里。

前文提到，菜园对于农村老年人来说不仅仅意味着物质的收入，同时也是一种乐趣，一种精神方面的支持。不同婚姻状态的老年人对配备菜园的态度表明了丧偶老年人对菜园有更大的依赖程度，在已婚老年人中，希望配备菜园的比例为24.00%；在丧偶老年人中，希望配备菜园的比例为52.00%，远远高于已婚老年人，而且，有很多老年人表示出了强烈的兴趣。

在性别方面，男性老年人与女性老年人对棋牌室的喜好程度大致相等，没有很大的差别；持无所谓态度的男性老年人为60.00%，女性老年人为58.44%；非常希望设置棋牌室的男性老年人为22.50%，女性老年人为19.48%，几乎相等。

老年人对棋牌的喜好程度并没有日常观察中看到的那么高，尽管在所有的文化程度层次中，没有老年人表示出对棋牌的排斥，但也没有哪个层次中有超过半数的老年人表示出强烈喜好棋牌，59.49%的老年人认为棋牌是无所谓的设置。

对不同年龄的老年人来说，年龄越高，对棋牌的喜好程度越高，在60—65岁年龄段，比较希望和非常希望配置棋牌室的老年人仅仅占到该年龄段的10.00%；在71—75岁年龄段老年人表现出最高的兴趣，比较希望和非常希望配置棋牌室的老年人占到该年龄段的54.87%；到了76岁及以上年龄段，老年人对棋牌的兴趣降低。

不同婚姻状态下，丧偶的老年人对棋牌室的偏好程度更高。棋牌是一个很好的与人交流的娱乐项目，是情感慰藉的一个重要形式，丧偶老年人比已婚老年人对棋牌室表现出更大的兴趣，比较希望和非常希望设置棋牌室的丧偶老年人占到37.60%，几乎与持无所谓态度的老年人持平，低了不到4个百分点；已婚老年人非常希望设置棋牌室的比例为1.71%，而持无所谓态度的老年人为12.82%，相差7倍之多，反映出棋牌对于老年人，尤其是丧偶老年人的意义。

三、对医疗卫生条件的期待

笔者在2016年对河北省空巢老人的典型调查中发现，农村空巢老人的问题是多方面的，具体包括：一是收入较低引发的贫困问题；二是因"没钱治病"问题引发的因病致贫和因病返贫问题；三是由于健康和疾病问题引发的照料不足的问题，以及后续的看护与康复需求的问题。贫困似乎是首要问题，但疾病以及由于疾病引发的照料不足同样是农村空巢老人担心的问题，能否为农村互助幸福院提供定期会诊，及时让老年人了解自己的身体状况，及早发现老年人的疾病隐患，对于老年人来说有着重要意义。从性别角度来看，女性老年人比男性老年人更期望互助幸福院提供定期体检的医疗保健项目，比较希望和非常希望提供此类项目的女性老年人达到了66.23%；比较希望和非常希望提供此类项目的男性老年人为57.50%。通过以上两方面的数据对比来看，女性老年人更担心自己的身体健康状况；总体看来，女性老年人和男性老年人中平均有60.00%左右的老年人希望提供定期体检项目。

定期体检对不同年龄段的老年人来说意义差别较大，年龄越大，意义越大。对60—65岁年龄段的老年人来说，比较希望和非常希望提供定期体检医疗保健项目的占该年龄段的35.70%；在66—70岁年龄段，比较希望和非常希望提供定期体检医疗保健项目的超过了一半，占该年龄段的57.57%；在71—75岁年龄段，比较希望和非常希望提供定期体检医疗保健项目的所占比例最高，占该年龄段的80.00%，可见这个年龄段的老年人对自己的身体健康程度关注度最高，也说明健康状况程度较差。

关于定期体检的医疗保健项目，在文化程度方面并没有看到随着文化程度的升高，关注度呈现明显的上升趋势。最希望提供该项目的年龄段却是文化程度最低的没有受过任何教育的老年人，在该层次上，比较希望和非常希望提供此项目的老年人占到63.42%；在小学文化层次上，比较希望和非常希望提供此项目的老年人占到57.42%，比没有受过任何教育的层次降低了6个百分点，差别不是很大。

定期体检反映在婚姻状态方面的差别是较大的，已婚老年人对该项目关注度最低，未婚老年人和丧偶老年人中比较希望和非常希望提供该项目的老年人分别占到该组别的87.55%和69.57%，说明独居老人由于疾病带来的生活照料问题以及医疗费用带来的经济问题而非常担心自己的身体状况，对这两类老年人应该给予更多的关注。

对于互助幸福院提供康复治疗的医疗保健项目，无论男性还是女性老年人的期望值不是很高，都没有超过26%，约1/4的老年人表示希望和非常希望，更多的人持无所谓的态度，究竟是老年人不需要此类项目还是对该项目不了解，抑或是没有充分了解，甚至是不抱很大希望，有待于在后续的研究中进一步了解。

从年龄段方面来看，各个年龄段上对康复治疗的喜好程度差别不是很大，低龄老年人喜好程度较低，随着年龄的增加，老年人喜好程度也增加，中间年龄老年人喜好程度较高，但没有达到50.00%，高龄老年人喜好程度最高，超过了50.00%。

从婚姻状态来看，各个组别对康复治疗项目感兴趣的比例都比较低，主要集中在丧偶老年人群体，占比为23.08%，对未婚和已婚老年人来说都是可有可无的。

定期体检是在一年中的某个时间为老年人提供身体状况的检查，根据体检的结果老年人可以及时采取相应措施，进行疾病的调理或者治疗。但定期体检的时间间隔通常较长，当老年人得知自己的真实身体状况时，有时为时已晚。唐代医学家孙思邈将疾病分为"未病""欲病""已病"3个层次，认为"上医医未病之病，中医医欲病之病，下医医已病之病"，因此医学的最高境界是治未病。互助幸福院提供日常疾病的医疗保健项目即是提高老年人的身体抵抗能力，预防疾病发生的重要设计。从性别差异方面来看，女性老年人同样表现出更多的兴趣，占到42.86%，比男性老年人高出了近8个百分点，但两个群体的喜好程度都没有超过50.00%。

分年龄段的老年人对日常疾病的医疗保健项目同样显示出随着年龄的增长，老年人对该项目的需求愿望升高，在71—75岁年龄段，非常希望提供该项目的老年人超过该年龄段老年人的50%，而且老年人的态度非常明显地分为两类：一是无所谓；一是非常希望。总体上看喜好程度不高。

日常疾病的医疗保健项目体现在婚姻状态方面，与定期体检和设置棋牌室等有着很大的类似：已婚老年人对该项目没有很高的关注度，希望有此项目的只占所有老年人的 1.71%；单身未婚和丧偶老年人较为认可，他们中有将近半数希望提供该项目。

第三节　院内老年人满意度调查

一、院内老年人对互助幸福院生活条件满意方面评价

某些老年人之所以居住在互助幸福院，较之居住在自己家中一定有着某些优越性。调查中老年人分别对居住的原因进行了不同的评价，原因包括：居住条件好，有其他老年人的照应，娱乐文化生活比较丰富，减轻了子女的负担，花费较少，子女经常来看望自己，可以随时回家看看，与其他老年人相处很融洽，可定期体检以及管理民主有序。在这 10 个选项中，老年人选择"居住条件好"的所占比例最大，为 19.53%；其次为"有其他老年人照应""与其他老年人相处很融洽"，分别为 18.36% 和 13.09%。所谓"居住条件好"指的是冬季有暖气、水电费免费、配备了电视、洗衣机等；"有其他老年人照应"则反映了农村互助幸福院建设的初衷，即为空巢老人提供必要的生活照料的支持，弥补子女在外务工或者没有子女的老年人生活上的照料不足或者空白问题；"与其他老年人相处很融洽"印证了空巢老人，尤其是丧偶老人和未婚老年人的精神慰藉需求问题。在没有子女或者他人的陪伴下，老年人长期生活在孤独寂寞中，互助幸福院提供了一个交流的平台，让老年人不仅有了生活上的相互照料，同时也使生活中有了欢声笑语。对于其他方面的评价，只有对"定期体检"一项评价较低之外，其他六项差别不是很大。其中"花费较少"和"减轻了子女的负担"所占比例较高，合计占到

所有选项的 21.49%, 超过了 20.00%, 免费的暖气和水电对生活拮据的农村老年人来说是有一定吸引力的。

二、院内老年人对互助幸福院生活条件不满意方面评价

在所调查的互助幸福院里, 有些入住率不是很高, 为了完善互助养老这一模式, 调研中询问了老年人对互助幸福院不满意的方面。在众多的意见中, 排在首位的是"子女不来看望自己", 占比为 33.33%; 排在第二和第三位的是"娱乐生活单一或没有"和"管理严格, 生活不自由", 占比相同, 为 16.67%; 其他比例比较高的还有"与家里差别大, 很难适应"和"与其他老年人相处不好, 有矛盾", 占比都为 11.11%。

对农村空巢老人的调查结果显示了老年人对互助幸福院满意的方面和不满意的方面。互助幸福院管理者除了关注老年人最满意的几个方面, 如"居住条件好""有其他老年人照应""与其他老年人相处很融洽"之外, 对于老年人不满意的方面应给予更多的关注, 正是这些方面, 在一定程度上影响了老年人对互助幸福院的认可程度, 也是有些互助幸福院入住率较低的原因。同时, 值得认真思考的是: 为什么互助养老这一养老模式自从 2012 年由民政部在全国推广以来, 普及程度并没有期望的那样高, 尤其是河北省作为互助幸福院的发源地, 普及率也没有实现预期 50% 的覆盖率。

第四章　农村互助幸福院院内与
院外老年人的期望差异

　　本章以院外老年人对农村互助幸福院的期望作为参照，详细比较了院内和院外老年人对互助幸福院居住条件、娱乐设施和医疗卫生条件的期望差异，以及老年人对互助幸福院的关注层面，以期探讨需求视角下互助幸福院改进的方面。

第一节　居住条件方面的期望差异

一、对单独居住方面的期望差异

　　已经入住互助幸福院的老年人（以下简称院内老年人）与未入住老年人（以下简称院外老年人）在是否"单独居住方面"的期望值有一定的差别。从性别角度来看，院外男性老年人比院内男性老年人在"比较希望"层面更希望单独居住，高出了9.12个百分点；院外女性老年人比院内女性老年人高出了10.8个百分点，与男性老年人之间的差别几乎相等。在"非常希望"层面，院外男性老年人比院内男性老年人高出了近 4 个百分点；院外女性老年人比院内女性老年人高出了 10. 19 个百分点，说明院外女性老年人非常希望单独居住的愿望更高。63. 24% 的院外男性老年人对是否单独居住持无所谓态度，51. 39% 的院外女性老年人对是否单独居住持无所谓态度；院外男性老年人和女性老年人持无所谓态度的比院内老年人都有所降低。可见，互助幸福院应该在居住空间方面给老年人更多的考虑和选择的机会，从院外老年人的期望来看，有近 50. 00% 的老年人希望单独居住，但是这与互助幸福院的设计差别相去甚远，所有的互助幸福院都是两人间、三人间或者是多人间。

不同年龄段的院外老年人对单独居住的要求没有很大的差别。总体上看：持无所谓态度的超过了 50. 00%，与院内老年人相比低了近 15 个百分点；在 65 岁及以下的院外老年人中希望单独居住的占到所有年龄段的 6. 43%，在 65 岁及以下的院内老年人中没有人希望单独居住；在 66—75 岁年龄段中，少量院外、院内老年人明确提出不希望单独居住。调查显示，对是否单独居住老年人的选择表现出多样性。

相比院内老年人来说，院外已婚的老年人选择单独居住的比例高出了近 25 个百分点，院内已婚老年人中没有人希望单独居住。已婚老年人通常要和自己的配偶居住在一起，而且互助幸福院的规定中允许空巢老人夫妇可以居住在一起，25% 的院外已婚老年人希望单独居住。在随后的深入访谈中得到的解释是，院内老年人对单独居住理解有偏差，他们认为的单独居住就是一个人居住在一个房间，但院内已婚老年人不可能分开居住，因而院内已婚老年人选择单独居住的比例为零。

二、对洗澡室设置方面的期望差异

院内老年人对洗澡室设置的要求不是很高，男性老年人中

57.50%认为洗澡室是无所谓的，非常希望有洗澡室的占到了25.00%。与男性老年人比，女性老年人希望有洗澡室的比例接近60.00%，女性比男性老年人对卫生条件提出了更高的要求。院外老年人对洗澡室则提出了更高的期望，男性老年人中，比较希望和非常希望配备洗澡室的占到所有院外老年人的83.82%；女性老年人占到所有院外老年人的82.14%，平均有近83.00%的院外老年人希望配备洗澡室，比院内老年人平均高出了30多个百分点。

对于洗澡室的提供，院外老年人与院内老年人的态度在不同年龄段的需求表现出很大的差别。院内越是低龄的老年人，对洗澡室的要求越不强烈，持无所谓态度的人数是比较希望和非常希望有洗澡室人数的大约3倍。但是对院外老年人来说，低龄老年人对洗澡室的提供的愿望非常强烈，在60—65岁年龄段，表示希望和非常希望提供洗澡室的老年人占到该年龄段的81.81%，在66—70岁年龄段，院内老年人比较希望有洗澡室和非常希望有洗澡室的人数几乎与持无所谓观点的相同。而院外老年人表示希望和非常希望提供洗澡室的老年人占到该年龄段的84.19%，与60—65岁年龄段的院外老年人基本相同；在71—75岁年龄段中，比较希望有洗澡室和非常希望有洗澡室的人数比持无所谓态度的院内老年人高出了6个百分点，而比较希望有洗澡室和非常希望有洗澡室的人数比持无所谓态度的院外老年人却高出了17.15个百分点；在76—85岁年龄段中，比较希望有洗澡室和非常希望有洗澡室的院内老年人与院外老年人所持态度基本趋于相等，期望的强度依然较高。

在丧偶的院外老年人中比较希望和非常希望有洗澡室人数比持无所谓态度的老年人多了22个百分点，比院内老年人的期望值还要高出2个百分点。在已婚老年人中，院内老年人与院外老年人对是否建有洗澡室的态度迥然不同，院内老年人对互助幸福院是否建有洗澡室持无所谓态度的占该组的94.15%，也就是说，希望建有洗澡室的老年人为5.85%；而院外老年人则不同，持无所谓态度的只占该组的19.36%，80.64%的院外老年人比较希望和非常希望建有洗澡室。两个群体的老年人的态度差别如此之大，说明大多数的老年人对建有洗澡室的期望值较高，因为入住幸福院的老年人占少数，多数老年人并没有入住。更多院内老年人持无所谓的态度，要考察他们对幸福院的依赖程度。

三、对安装空调方面的期望差异

对于空调的要求，不同性别的院外老年人也表现出了一定的差别，但差别不大。总体说来，与院内老年人相比，院外老年人希望安装空调的期望值要高得多。院内绝大部分老年人对互助幸福院是否安装空调持无所谓态度，男性占70.00%，女性占74.03%；而院外老年人持无所谓态度的平均只有42.86%，男性为42.65%，女性为43.06%。院内女性老年人持无所谓态度的比男性老年人更多，但是在女性老年人中，认为非常希望安装空调的老年人几乎是男性老年人的2倍；在院外老年人中，这一差别几乎不存在，非常希望安装空调的男性老年人为19.12%，女性老年人为15.28%，没有显示出像院内老年人那么大的性别差异。

从年龄方面来看，院外老年人任何一个年龄段中，比较希望和非常希望安装空调的老年人占比都超过了50.00%，他们比院内老年人对安装空调的要求更高，与院内老年人的态度差异较大，没有发现有人反对安装空调。较低年龄段的院内老年人对空调的要求更多持无所谓的态度，在60—65岁年龄段中，持无所谓态度的老年人与比较希望和非常希望安装空调的老年人相差较多，高出了约18个百分点；而院外持无所谓态度的老年人与比较希望和非常希望安装空调的老年人相差约3个百分点。

四、对安装电扇方面的期望差异

对于电扇的偏好，院外老年人比院内老年人的态度更为鲜明。各个年龄段中，所有的持无所谓态度的老年人只有5.17%，即94.83%的院外老年人支持安装电扇。在66—70岁和81—85岁两个年龄段的院外老年人中持无所谓态度的人数为0，而且在任何一个年龄段中，非常希望安装电扇的比例都较高。60—65岁年龄段中，更多的院内老年人持无所谓的态度，而该年龄段中，院外老年人持无所谓态度的只占9.08%；院内老年人中，只有71岁以上的老年人希望和非常希望安装电扇的占比最大，对于院外老年人来说，所有年龄段中希望和非常希望安装电扇的比例都非常大，差别只是存在于比较希望安装空调的比例略高于非常希望安装空调的比例。

第二节　对娱乐设施方面的期望差异

一、对配备电脑房方面的期望差异

从院内老年人对电脑房的需求态度上已经了解到，无论是男性还是女性，有90.00%以上的老年人认为有没有电脑房是无所谓的，甚至个别老年人持反对意见，女性老年人中，持无所谓态度的比男性老年人低了约5个百分点。院外老年人对电脑房的态度发生了两个变化：一是持无所谓态度的老年人比例有所下降，男性由97.50%

下降到 76.47%，女性由 92.21% 下降到 81.94%，男性持无所谓态度的下降幅度比女性多了约 10 个百分点，与院内老年人的性别差异发生了颠倒。二是院内老年人排斥的比例相当小，女性老年人中只有 2.60% 的反对配备电脑房，男性老年人中没有人反对；但是在院外老年人中，男性老年人和女性老年人持反对观点的分别占到了 10.29% 和 8.33%，虽然在所有老年人中占比不大，但相对于院内老年人来说，态度明显发生了变化。总体看来，院外老年人对电脑的兴趣不大，虽然与院内老年人的态度有所不同，但持无所谓态度的仍然占绝大多数。

从年龄层面上看，院内老年人对配备电脑设施持无所谓态度的占到 94.03%，加上有 1.70% 的人持反对态度，电脑对互助幸福院的老年人来说似乎真是可有可无的设施。而院外老年人持无所谓态度的比例尽管降低，但在不同的年龄段都有少量的排斥态度，比院内老年人在年龄层次上分布更均匀，院内老年人只是在 66—70 岁和 71—75 岁两个年龄段有排斥的态度，特别年轻的老年人和特别年长的老年人没有反对的态度。

电脑对于院内有偶老年人来说，所有人都持无所谓态度，对丧偶老年人来说，只有 4.27% 的希望配备；对于院外老年人来说，有偶老年人持无所谓态度的比例有所降低，希望和排斥的态度有所增加，丧偶老年人的态度与院内丧偶老年人相比变化不大。

二、对配备带电视的休息室方面的期望差异

院外老年人希望配备电视的比例比对电脑的要求明显提高，态度也更加明确，从性别差异上来看，持无所谓态度的男性老年人只有 13.23%，女性有 15.28%，比院内老年人分别增加了将近 40 个百

分点。有 51.47% 的男性老年人比较希望配备电视，女性老年人为 50.00%，比院内老年人增加了 4 倍左右，而且院外老年人对电视态度与院内老年人最大的区别是性别差异变小，几乎没有。

三、对配备室内活动器械方面的期望差异

对室内配备健身器材的态度，院内老年人与院外老年人的差别较大。从性别差异来看，院内女性老年人对室内健身器材表现出更多的兴趣，是男性老年人的 6 倍；但院外老年人对室内健身器材的态度没有如此大的性别差异，女性老年人虽然也表现出更多的兴趣，但是只比男性老年人多了约 14 个百分点。院内老年人对室内健身器材的期望并不高，男性老年人持无所谓态度的占到 90.00%，女性为 77.92%；从性别上看，院外老年人对室内健身器材的喜好程度分别高出了 35.59 和 40.43 个百分点。也就是说，对院外老年人来说，室内健身器材并不是可有可无的，有着相当程度的意义。

四、对配备菜园方面的期望差异

菜园的配备对院内老年人来说已经显示出一定的意义，有 40.00% 的男性老年人和将近 50.00% 女性老年人希望配备菜园；院外老年人希望配备菜园的比例更高，都达到了 75.00%。从性别差异上看，院内女性老年人对菜园表现出更大的兴趣，占到将近 50.00%。相比较而言，40.00% 的男性老年人希望配备菜园，比女性老年人低了 10 个百分点。而院外老年人对菜园的兴趣则没有太大的性别差异，持无所谓态度的各占 25.00%，持比较希望态度的分别占 41.18% 和 37.50%，非常希望的分别占到 33.82% 和 37.50%。总体说来，菜园受院外老年人喜欢的程度更高，同样没有人表示出排

斥的态度。

无论是院内老年人还是院外老年人,从年龄差异考察老年人对菜园的态度显示出:随着年龄的增长,老年人对菜园的喜好程度逐渐增加,但是院外老年人对菜园的喜好程度远远超出了院内老年人。院内 60—65 岁年龄段的老年人对菜园的喜好程度最低,占到该年龄段的不足 1/3;院外老年人占比为 76.00%,占到该年龄段的 2/3。60—70 岁年龄段的院内老年人中,希望配备菜园的老年人占到 1/3强;院外老年人占比高达 82.00%,是各个年龄段中希望程度最高的一组。71 岁及以上年龄段中,有超过半数的院内老年人希望配备菜园;院外老年人在这一年龄段的喜好程度虽有所下降,但远远超过50.00%。与院内老年人相比,院外老年人持无所谓的态度的比例明显降低,在各个年龄段,喜好的程度都在 80.00% 左右,两个群体反差较大。

菜园对于院外老年人更有意义,这一点不仅体现在丧偶老年人群体,对已婚老年人群体也不例外。院内丧偶老年人对菜园有更大的依赖程度,在已婚老年人中,希望配备菜园的比例为 24.00%,在丧偶老年人中,希望配备菜园的比例为 52.00%,远远高于已婚老年人,而且,有很多老年人表示出了强烈的兴趣。在院外老年人群体中,已婚老年人对菜园的喜好程度占比为 78.49%,比院内老年人高出了将近 55 个百分点。如果说对菜园的喜好表明老年人对互助幸福院的一种依赖程度的话,那么院内已婚老年人对菜园喜好程度也说明他们对互助幸福院的依赖程度不高,他们可能居住在互助幸福院的时间也不会太长。

五、对配备棋牌室方面的期望差异

在性别方面,与院内老年人相似,院外男性老年人与女性老年人对棋牌室的喜好程度大致相等，没有很大的差别。区别之处在于院外老年人比院内老年人对棋牌室的喜好程度大约高了 20 个百分点。院内持无所谓态度的男性老年人为 60.00%，女性老年人为 58.44%；院外持无所谓态度的男性老年人为 41.18%，女性老年人为 41.67%。非常希望设置棋牌室的院内男性老年人为 22.50%，女性老年人为 19.48%；非常希望设置棋牌室的院外男性老年人为 30.88%，女性老年人为 27.78%，比院内老年人高出了 8 个百分点。总体看来院外老年人对棋牌室的喜好程度高于院内老年人。

对不同年龄的老年人来说，院外老年人和院内老年人对棋牌室的喜好程度显示出相似的规律性。不同的是，在 75 岁以前的各个年龄段，院外老年人喜欢的比例都超过了 50.00%，高出了院内老年人的喜好程度近 40 个百分点。在 60—65 岁年龄段，比较希望和非常希望配置棋牌室的院内老年人仅仅占到该年龄段的 10.00%，院外老年人的占比为 51.52%；在 71—75 岁年龄段老年人表现出最高的兴趣，比较希望和非常希望配置棋牌室的院内老年人占到该年龄段的 55.00%，院外老年人为 62.51%；到了 76 岁及以上年龄段，院内院外老年人对棋牌的兴趣都开始降低。

与院内老年人相比，院外老年人对棋牌的喜好程度显示出更高的兴趣。在没有受过任何教育的院外老年人组别中希望提供棋牌活动的占比为 54.32%，而院内老年人占比为 42.67%，相差近 12 个百分点。在小学文化组别中，比较希望和非常希望设置棋牌室的比例与持无所谓态度的比例基本持平，而且有少量老年人排斥棋牌的设置，其他组别中也有排斥棋牌室设置的比例，但总比例为 4.32%，可以忽略，同样没有显示出文化程度上太大的差异。

不同婚姻状态下，棋牌室对院内老年人和院外老年人的意义是不同的。丧偶的院内老年人中对棋牌室的偏好程度更高，丧偶老年人比已婚老年人表现出更大的兴趣，比较希望和非常希望设置棋牌室的丧偶老年人占到37.60%，几乎与持无所谓态度的老年人持平，低了不到4个百分点；而对院内老年人来说，已婚老年人比较希望设置棋牌室的没有，非常希望设置棋牌室的比例为1.71%，而持无所谓态度的老年人为12.82%，相差7倍之多，反映出棋牌对于已婚老年人意义不大；相反，而对院外老年人来说，已婚老年人比较希望和非常希望设置棋牌室的比例为66.99%，而持无所谓态度的老年人为26.43%，排斥的为2.14%，持喜好态度的明显高出约38个百分点，也就是说，棋牌对于所有婚姻状态的老年人都有重要意义。

第三节　对医疗卫生条件的期望差异

一、对定期体检方面的期望差异

从性别角度来看，院内老年人与院外老年人对定期体检这一项目的态度存在一定的反差。院内女性老年人比男性老年人更期望互助幸福院提供定期体检的医疗保健项目，比较希望和非常希望提供此类项目的女性老年人达到了66.24%；比较希望和非常希望提供此类项目的男性老年人57.50%，女性老年人比男性老年人高出了大约9个百分点；在院外老年人群体中则表现出相反的倾向，男性老年人喜好的程度为92.65%，女性为80.56%，男性比女性反而高出了约12个百分点。总体看来院外老年人比院内老年人更希望提供定期体检项目，院外老年人的平均喜好程度为86.61%，院内老年人为

61.87%，两者相差 24.74 个百分点。

定期体检对不同年龄段的院外老年人来说同样有不同的意义，年龄越大，意义越大。对 60—65 岁年龄段的老年人来说，比较希望和非常希望提供定期体检医疗保健项目的占该年龄段的 79.42%；在 66—70 岁年龄段，比较希望和非常希望提供定期体检医疗保健项目的占该年龄段的 86.85%；在 71—75 岁年龄段，比较希望和非常希望提供定期体检医疗保健项目的占该年龄段的 82.51%；在 76—80 岁年龄段，比较希望和非常希望提供定期体检医疗保健项目的高达 95.27%；而 81—85 岁和 86—90 岁两个年龄段的老年人对该项目的喜好程度都达到了 100%。可见这两个年龄段的老年人对自己的身体健康程度关注度最高，也说明健康状况程度较差。与院内老年人相比，不仅总体上看老年人对该项目喜好程度增加，而且低龄老年人也表现出了非常高的愿望。在 60—65 岁年龄段的院内老年人中，比较希望和非常希望提供定期体检医疗保健项目的占该年龄段的 37.00%；而在院外老年人中，该比例高达 79.42%，将近 80.00%，比院内老年人高出了 43 个百分点。

关于定期体检的医疗保健项目，在文化程度方面，院内老年人群体中，并没有显示随其文化程度的升高，对定期体检的喜好程度呈现明显的上升趋势。最希望提供该项目的年龄段却是文化程度最低的没有受过任何教育的老年人，在该层次上，比较希望和非常希望提供此项目的老年人占到 63.00%；在小学文化层次上或更高文化层次上，比较希望和非常希望提供此项目的老年人比例下降不是很大；院外老年人则不同，文化层次的不同，对定期体检项目的喜好程度也不同，呈现出的规律性为：文化程度越高，喜好程度也越高。在没有受过任何教育的老年人组别中希望提供该项目的比例为

82.72%；在小学文化层次上或更高文化层次上，比较希望和非常希望提供此项目的老年人比例为91.11%；在初中和普通高中两个群体中比较希望和非常希望提供此项目的老年人比例为100.00%。随着文化程度提高，院外老年人对定期体检项目重视程度相应地提高，呈现出明显的规律性。

与院内老年人类似，对于院外老年人来说不同婚姻状态下对定期体检的期望差异也是较大的，未婚老年人和丧偶老年人中比较希望和非常希望提供该项目的老年人分别占到该组别的100.00%和95.35%。

二、对康复治疗方面的期望差异

对于互助幸福院提供康复治疗的医疗保健项目，虽然无论男性还是女性院内老年人的期望值不是很高，都没有超过26.00%；约1/4的老年人表示希望和非常希望，更多的人持无所谓的态度。但是院外老年人对该项目的喜好程度都接近或超过60.00%，只是与院内老年人相比，同样没有反映出很大的性别差异。男性的喜好程度为67.65%，女性为58.33%，相差不到10个百分点。

从年龄段方面来看，各个年龄段的院外老年人与院内老年人对康复治疗的喜好程度差别不是很大。低龄院内老年人喜好程度较低，随着年龄的增加，老年人喜好程度也增加，中间年龄老年人喜好程度较高，但没有达到50.00%，高龄老年人喜好程度最高，超过了50.00%。相比之下，院外老年人对该项目的喜好程度除了81—85岁年龄段为50.00%外，其他年龄段的喜好程度都超过了55.00%，在76—80岁年龄段达到了76.20%。

从婚姻状态来看，院内老年人中各个组别对康复治疗项目感兴趣的比例都比较低，主要集中在丧偶老年人群体，占比为29.34%；对未婚和已婚老年人来说，都是可有可无的。对于院外老年人来说则不同，虽然未婚老年人对该项目不感兴趣，但是丧偶老年人群中，喜好程度超过了50.00%，占比为51.80%，比院内老年人最高组别高出了20多个百分点；在已婚老年人群中，院外老年人与院内老年人也形成了巨大反差，院内老年人的喜好程度为6.00%，而院外老年人的喜好程度高达68.82%，高出了近63个百分点。

三、对治疗日常疾病方面的期望差异

从性别差异方面来看，院内女性老年人对治疗日常疾病项目表现出更多的兴趣，占到42.86%，比男性老年人高出了近8个百分点，但两个群体的喜好程度都没有超过50.00%。与院内老年人相比，院外老年人显示出两个不同：一是性别上的差异；一是喜好程度上的差异。性别差异方面，院外男性老年人对该项目表现出更多的兴趣，高出女性老年人将近10个百分点；喜好程度方面，院外男性老年人比院内男性老年人高出了约60个百分点，院内老年人为35.00%，院外老年人为95.59%；院外女性老年人比院内女性老年人高出了约42个百分点，院内老年人为42.86%，院外老年人为86.11%。

分年龄段的老年人对日常疾病的医疗保健项目基本上显示出随着年龄的增长，老年人对该项目的需求愿望升高，在80岁以上的高龄老年人群中，对该项目的喜好程度达到了100%；总体上看各个年龄段的喜好程度在组别上没有很大的差异，但普遍的喜好程度都非常高，60—65岁年龄段为90.92%，66—70岁年龄段为92.11%，

71—75 岁年龄段为 87.50%，76—80 岁年龄段为 90.47%，4 个组的平均喜好程度为 90.25%。

日常疾病的医疗保健项目体现在婚姻状态方面，已婚院外老年人对此项目的喜好程度高达 91.40%，已婚丧偶老年人的喜好程度为 88.38%，这一点与院内老年人形成了反差，已婚老年人比丧偶老年人的喜好程度高出了约 3 个百分点，虽然高出不多，但考虑到院内已婚老年人对此项目不太感兴趣，91.40% 这一数值就显得该项目的意义不同一般了。

第四节　对互助幸福院整体评价方面的差异

一、对互助幸福院加强建设方面的不同关注度

居住在互助幸福院的老年人经过自己的亲身体验，对居住的原因进行了不同的评价，老年人选择"居住条件好"的所占比例最大，为 19.53%，其次为"有其他老年人照应""与其他老年人相处很融洽"，分别为 18.36% 和 13.09%。未入住互助幸福院的老年人在选择是否入住时关注的重点包括：配套设施、环境卫生、服务、管理、床位设置和娱乐文化。这六个方面的占比都超过了 12.00%，其中占比最高的是配套设施和环境卫生，都是 16.88%；排在后面的依次是服务、管理、床位设置和娱乐文化，占比分别为 15.84%、15.32%、12.99%、12.73%。如果把床位设置、环境卫生和配套设施都看作是居住条件的话，合计占比 45.76%。这与居住在院内的老年人的看法就类似了。不同的是，院内老年人选择"居住条件好"的所占比例为 19.53%，而院外老年人关注居住条件的为

45.76%，高出了约25个百分点。另外一点相似之处是两类老年人都关注了服务方面，院内老年人把服务（有他人照应）放在了第二位，而院外老年人把服务放在了并列第二位（实际的第三位）。从两类老年人对服务的关注度可以进一步验证老年人对服务照料的期望值是非常高的。

二、对生活不满意的原因分布差异

对未入住互助幸福院老年人"生活不满意的原因"的调查是要了解互助幸福院能够从哪些方面加强建设，以更好地吸引老年人入住幸福院，并从实质上解决老年人面临的养老难题。未入住互助幸福院老年人对生活不满意的原因概括为五个主要方面，排在前三位的是：养老物质条件贫乏，占45.45%，接近各种原因总和的一半；娱乐生活单一或没有，占31.82%，接近1/3；身体有疾病，无法自理，占18.18%，接近1/5。令人非常感到诧异的是，调研中询问了院内老年人对互助幸福院不满意的方面。在众多的意见中，排在第二位的居然也是"娱乐生活单一或没有"。这一发现对互助幸福院模式复制推广中遇到的难题给予了明确的解释。没有入住互助幸福院的老年人非常希望能够得到很好的精神慰藉支持，互助幸福院建设的初衷也是要最大限度地解决老年人精神空虚寂寞问题，但是，老年人入住互助幸福院以后，仍然把"娱乐生活单一或没有"排在第二位，反映了互助幸福院建设中存在的突出问题。

第五章　农村互助养老模式实践中存在的问题及原因分析

本章从政府和基层两个方面分析了制约农村互助养老模式发展的主要因素，以及问题产生的主要原因，尤其详细剖析了现有互助养老模式中互助幸福院身份的定位、服务定位不准确和缺乏内生动力等方面。

第一节　农村互助养老模式实践中存在的问题

一、制约肥乡县互助养老模式推广的三个因素

农村互助幸福院在河北省其他地区以及其他省份推广过程中能否成功复制取决于这些省份和地区是否具备河北省肥乡县互助幸福院成功的几个因素。

（一）干部的积极性问题，尤其是党员干部的带头作用

笔者曾经考察了河北省三个有一定特色的农村养老案例，一个是石家庄市平山县的景家庄村，一个是邢台市威县的孙家寨村，还

有一个就是互助幸福院的发源地邯郸市肥乡县的前屯村。前屯村的情况已经详细介绍过，下面主要介绍其他两个案例，通过下面两个案例，结合前屯村案例可以发现，农村老年工作能够开展或者开展好的地区很大程度上依赖于农村党员干部的积极性，所以说农村党员干部积极性的因素既是保证农村老年工作得以开展的关键，同时也是制约农村养老工作发展的关键。

1. 案例一：景家庄的老年协会

河北省石家庄市平山县景家庄村位于石家庄市西部约 60 多公里，毗邻革命圣地西柏坡，该村与其他农村相似之处在于年轻劳动力外出务工，年迈的父母留守在家。在河北省荷花基金会和河北省 5A 级社会工作组织保定市善和社会工作事业发展中心的支持下成立了景家庄村老年协会，会长候选人从乡贤中推举，最终经选举，由村内曾经担任过党支部书记并在村民中享有威望的长者担任。景家庄村老年协会成立于 2017 年，在善和社会工作事业发展中心的指导下，先后制定了组织内部架构和管理规范，在需求视角下，根据老年人健康情况、经济条件和意愿出发，开展了多种深受老年人喜爱的文体活动和服务活动，受到了老年人及其家人的认可，并得到了当地民政部门的肯定。先后开展的主要工作包括三个方面：一是制定老年协会管理制度，健全组织架构，把热心为老年人服务并有一定工作经验的老年人吸收加入到老年协会。为确保老年协会的可持续化发展和规范化管理，协会召开理事会，选举产生了景家庄首任会长、副会长、秘书长等职位，制定并通过了《景家庄村老年协会章程》《景家庄村老年协会管理制度》和《景家庄村老年协会学习制度》等，为协会后续发展奠定了制度基础。为了把各项工作落到实处，调动村内一切可以调动的力量，也是本着助人自助的理念，老年协会先后设立 5 个分支委员会：居民矛盾调解委员会、文化娱乐服务委员会、环境卫生改善委员会、志愿服务工作委员会和关心下一代工作委员会，并将协会的服务对象范围从留守（主要是空巢）老年人向留守儿童拓展，在协会所在地举办 4 点半课堂，让留守儿童放学后有人陪伴。二是培育农村社区内社会组织，激发老年人活力。根据民政部、河北省民政厅关于加强和完善城乡社区治理的相关文件要求，老年协会开创了"妇老乡亲"服务模式，旨在调动妇女的积极性，先后组织村内老年人和妇女成立了合唱团、志愿服务队、舞蹈队、太极拳队等自组织，并重新组建村内原有的武术队，在重要节日进行表演比赛。上述社区社会组织在老年协会的指导下，积极参加协会组织的各类活动，同时也可以自主开展活动，村内老年人对活动的参与度、积极性和热情度比老年协会成立之前有了显著的提高，老年人活动从无到有，从有到多直至成为老年人生活中的一部分、一种生活方式。三是改善社区生活环境，营造敬老社区文化。社会工作机构入驻之前，准确地说，应该是老年协会成立之前，多年来景家庄村垃圾无人清理，堆积在村庄的各个街道，影响了交通、村容和村貌，老年协会多次组织协会成员先后清理了村内主街道的垃圾，使得村内很多堆积如山的垃圾场不见了，村容村貌和村民们的生活环境有了明显的改善。

2. 案例二：孙家寨的饺子宴

孙家寨地处河北省邢台市威县，一次偶然机会促使青年农民开始开展孝老活动。2009 年，多年在省城做药品销售并积累了一定经济基础的付宏伟回家看望病重的父亲，家人告诉他不要回家了，直接去县医院看望父亲。当他赶到县医院时，父亲已经病情危重住进重症监护室，正在抢救之中。幸运的是老人经过抢救转危为安，等到父亲病愈之后，他陪伴父亲回到老家，从村民的反映中了解到，他所在的村庄不仅老龄人口比例高，而且空巢老人多，1 200 人中，65 岁及以上的老年人为 113，其中 7 个是孤寡老人，80 多户为 "空巢" 家庭，这些老年人的儿女平时常年在外地务工不在身边，只有过年过节时回家，一般普通的节日不一定都能回家。老年人一旦生病，谁来侍候孝敬他们是一个让所有儿女和父母都担心的问题。对老年人来说夫妇健在的空巢老人可以依赖配偶，孤寡老人则无人可依，即使是夫妇健在，如果老两口同时病倒，也会面临同样的照料问题。于是，他决定放弃在城市中使他富裕起来的药品销售业务，回家孝敬年迈的父母，同时也为全村老年人提供他们最需要的服务。孝道不是一句空话，需要物质支持，于是他首先成立了农村合作社搞规模种植，通过品牌效应提高农产品的附加值，引领群众致富。自 2011 年开始，付宏伟组织合作社的志愿者从精神慰藉着手，给村中老年人举办饺子宴，每月农历的初一和十五举办两次，一年 24 次，他带领志愿者把全村的老年人聚在一起，他用自己农场中的绿色蔬菜做成各种各样的饺子馅，为老人们准备好包饺子的面皮。老人们围坐在一张张桌子周围，边包饺子，边拉家常、叙旧情。包饺子和吃饺子实质上只是一种形式，老年人能够通过饺子宴聚在一起获得快乐和尊重才是活动的初衷。从 2011 年算起，饺子宴已经办了整整 9 个年头，为了更好地服务老年人，志愿者在村中最显著的地方制作了老年人家庭分布图，方便为老年人提供上门服务。最初参加饺子宴的老年人主要限于本村的 100 多位老年人，数日后其他乡镇的老年人也纷纷加入进来，有的老人甚至从 15 公里外骑三轮车来到孙家寨，他们不仅没有被拒绝，而且受到了热烈欢迎。这些老人不仅仅是为了吃饺子，而是因为在包饺子、吃饺子的同时，还可以遇到熟悉的朋友，在与老友聊天的过程中，享受饺子宴带来的精神慰藉。随着饺子宴知名度不断地提升，会餐老年人数持续增多，少则400多人，最多时达1 000人。为了丰富饺子宴的内容，让饺子宴成为老年人的节日，除了中午的饺子宴外，还为早早前来等候的老年人准备了免费早餐，包括小米粥、油条，延长了老年人的享受时间。为了丰富饺子宴的内容，志愿者事先统计好所有生日在当月的老年人，无论是本村的老年人还是其他村的老年人及其子女，中午开饭之前，都被邀请到主席台，围坐在巨大的生日蛋糕周围，一起接受所有现场的老年人和青年志愿者的生日祝福，饺子宴连同生日宴不仅表达的是对老年人的尊重，同时也是对所有青年人的孝文化教育。对行动不便不能到场的空巢老人，志愿者们根据老年人家庭住址分布图把饺子端到老年人的床前，让所有的老年人都能感受到志愿者带来的温暖。截至笔者调查时，在付宏伟的带领下，孙家寨成立了志愿者服务队，来自外地和本村的20多名志愿者长期为村中老年人提供多种服务，开设道德讲堂，弘扬孝道文化，使孙家寨成为远近闻名的"孝道村"，孙家寨的农产品供不应求。①

3. 案例三：前屯村的互助幸福院

前屯村的互助幸福院刚开始建成的时候，很多人不来住，基本上是观望的态度，在村干部的多次劝说下，才陆续有人入住进来。当入住的老年人说还不错的时候，其他老年人都想搬进来了。有一位老年人说，她看到很多人陆陆续续住进幸福院，如果不及时住进去，或许就没有床位了，所以，就搬进去了，住了一年，感觉比家

① 以上部分内容曾作为课题的前期研究成果发表在《河北大学学报》（哲学社会科学版）2019年第1期。

里好很多：在家里没人照顾，儿子不在身边，女儿只是偶尔过来看看；而且一个人住也很孤单，万一身体出问题身边没人就很危险；在幸福院就不一样了，大家在一起住，可以说说话、聊聊天，没有那么孤单，而且身体出现不适也有人及时发现和救助。她的几个女儿也非常支持她到幸福院居住。

　　三个案例有许多共同之处，如服务对象都是农村空巢老人；兴起的方式都是自发的，是在村中的能人带头号召下得到了村民的认可，并得到了可持续的发展；另外重要的一点是，三个带头人都是共产党员，都是村干部。景家庄老年协会会长是前任村党支部书记，前屯村互助幸福院的发起人时任村党支部书记，孙家寨付宏伟是村党支部副书记。可见党员干部的带头作用是不可替代的，如果在肥乡县以外的地区复制互助幸福院养老模式，首先要考量农村党员干部的积极性因素。调动农村党员干部的积极性主要从思想认识和工作考核两个方面入手。肥乡县前屯村的互助养老经过党员干部的不懈努力，在全国树立了一面养老创新的旗帜，得到了民政部的认可，并在全国进行经验推广。当地各级干部加大支持力度，农村养老工作走在了全国的先进行列，受到不同程度的表彰和鼓励。孙家寨的饺子宴能够坚持十多年，没有接受政府的财政支持，完全依靠本村的农场经济给与物质支持，打造出了一个远近闻名的孝道村，走出了一条农村养老的创新模式，付宏伟后来被选举为全国人大代表。景家庄的实践虽然没有取得像其他两个村庄那样深远的影响，但是在当地的农村养老工作中创新性地把社会工作引入到农村空巢老人养老服务之中，充分发挥社会工作的专业学科优势，为农村养老实践提供了一种全新的养老模式，受到了当地民政厅的认可和重视，并在全省推广该村的养老经验。

（二）资金问题

也就是说，只有起带头作用的党员干部是不够的，如果没有资金的支持，该养老模式既无法启动，更难以持续发展。农村互助幸福院在肥乡县推广的过程中每年动用了县财政的 300 万元专项资金，用于幸福院建设和运行管理补贴。一是建设费用，凡新建、改扩建的农村互助幸福院与村卫生室合建，实行医养结合模式，且建筑面积在 400 平方米以上，床位 20 张以上，设施配套齐全，管理规范，运行较好的，县给予补助。二是运行费用，对农村互助幸福院运行中的水、电、取暖等公共费用进行补贴，标准为每人每年 500 元。三是管理费奖补，根据互助幸福院的类别（3 个类别）分别给予一定的奖补。孙家寨饺子宴的资金来自付宏伟的农场，农场通过土地流转的方式把村中闲置的土地或者村民不愿耕种的土地集中起来，每年按照小麦的实际售价给予出让土地的村民，如果村民愿意在农场务工，还可以领一份工资。也就是说通过出让土地，村民可以得到两笔收入：土地流转费用和工资。农场则通过种植绿色有机农作物提高了农产品的价格，而且孙家寨是远近闻名的孝道村，孝道村已经成为一个品牌。所以孝道村的农产品价格在绿色有机的基础上加上品牌效应，比普通农产品提高了许多。农场把盈利的部分资金用来改善老年人的活动空间，部分用来支持饺子宴，并使饺子宴能够持续地开展了多年。其他地区如果既没有政府的拨款，也不能自力更生的话，资金就成为制约互助幸福院发展的关键因素。

农村实行家庭联产承包责任制以后，农民的劳动热情被极大地调动起来，农村乡镇企业如雨后春笋一般发展起来。村集体拥有农村土地所有权，农户家庭拥有土地承包权，农户家庭通过上交"三提五统"① 和村办企业所得满足农村基础教育、农村孤寡老人抚养和军烈属优抚等。自 2006 年开展新农村建设运动后，农业税费和"三提五统"被取消，加之许多乡镇企业纷纷倒闭，绝大部分农村集体经济组织失去了为村民提供生产服务的必要财力，农村教育、医疗、低保、行政村运转等都已纳入国家财政统筹的范围，但发展农村互助养老事业还有待国家资金的投入。

（三）政府是否重视问题

资金问题与政府重视实质上是同一个问题，以上三个案例中的共同之处还包括政府的重视，政府的重视程度不同，案例的影响也有所差别。

最受当地政府重视的是河北省肥乡县前屯村的农村互助幸福院养老模式。首先是财政支持。县委县政府决定自 2011 年始，肥乡县财政每年列出 300 万元专项资金，用于幸福院建设和运行管理补贴。其次是实行县直部门联系帮扶制度。各帮扶单位要成立帮扶领导小组，在重大传统节日到所联系幸福院进行慰问。再次是严格督导考核。将农村互助幸福院建设工作纳入对各乡镇和县直各有关部门的年度考核目标。当地政府推出的以上三方面的举措极大地推动了农村互助幸福院的建设，不仅从硬件上提供了物质基础，而且从软件上提供了资源链接和考核机制。使这一养老模式迅速在全县推广，并实现了县域全覆盖，经过了短短的 3 年就得到了民政部的认可，作为一种农村养老模式在全国推广。

---

① "三提五统"是指村级三项提留和五项乡统筹。所谓"三提"，是指农户上交给村级行政单位的三种提留费用，包括公积金、公益金和行管费。"五统"是指农民上交给乡镇一级政府的五项统筹，包括教育附加费、计划生育费、民兵训练费、乡村道路建设费和优抚费。

在河北省邢台市孙家寨的案例中，当地政府虽然没有形成一种政策安排，也没有从资金上予以支持，但是采取了一种道德肯定的方式，鼓励全县各村学习和复制饺子宴的做法。2014 年 11 月开始在全县 17 个乡镇区、24 个村庄开展试点工作推行每月 1 次的饺子宴，为老人们提供聚会的机会，满足老年人的精神慰藉需求。孙家寨的饺子宴得到了各个试点的积极响应，据不完全统计，直接享受志愿者服务的 65 岁及以上老年人达 3 000 人次，24 个试点村开展的饺子宴持续了 5 年之后，被命名为"弘扬敬老爱亲文化示范村"。威县县委县政府还以付宏伟的先进事迹为典型，全方位、多层次地组织引导各示范村开展每年一度的"好儿子""好媳妇""好女儿""好女婿""孝心少年"等模范人物评选活动，培育孝文化氛围。威县已经复制推广了 180 余个孝亲敬老村，全县各类社会志愿服务人员多达 20 000 人以上。①

饺子宴的发起者付宏伟先后荣获的各种荣誉：威县十大道德模范、威县十大新闻人物、邢台好人、河北省道德模范、河北省千名好支书、中国好人、第五届全国道德模范提名奖、2017 年度全国学雷锋志愿服务"四个 100"② 之最美志愿者、河北省第十一届全国五好家庭等荣誉称号。

在河北省石家庄市景家庄的老年协会案例中，省级民政系统为主的政府尽管没有进一步把老年协会的服务模式纳入政策制度的设计，但在一定程度上认可了老年协会的为老服务工作，并为老年协

---

① 参见《建设没有围墙的敬老院——河北省威县孙家寨村党支部副书记付宏伟的敬老故事》，《光明日报》2015 年 11 月 22 日 01 版。

② 学雷锋志愿服务"四个 100"是指：100 个最美志愿者，100 个最佳志愿服务组织，100 个最佳志愿服务项目，100 个最美志愿服务社区。

会的后续工作提供了参考意见，并督促地方政府相关部门为老年协会的工作提供必要的支持。在景家庄的社会工作介入农村空巢养老模式中，通过成立老年协会调动村中老年人和妇女的积极性，成立多个自组织，形成一支强大的农村志愿队伍为农村空巢老人服务。这种养老模式得到了河北省荷花公益基金会的资助，同时也得到了当地省民政厅的认可，2017—2019 年，民政厅相关负责人先后到景家庄村考察，并对该模式予以肯定，社会福利和慈善事业促进处负责人和荷花基金会的董事长共同为"景家庄老年人关爱服务中心"揭牌，把能够调动农村老年人和妇女的"妇老乡亲"养老模式推上了一个新台阶。

同样是政府的重视，重视的程度不同，支持的力度则不同。前屯村的模式得到了当地县委县政府的大力支持，互助模式得以实现县域全覆盖，孙家寨的实践得到威县政府的道德肯定，孝老敬老蔚然成风，景家庄的"妇老乡亲"模式获得河北省民政厅领导的关注和认可，该模式在临近景家庄的 4 个村庄得以复制，并逐步在全乡和全县推广。三种不同的模式是否得到当地政府的重视，推广的范围是不同的。推广的范围既取决于是否受政府重视的程度，也取决于得到政府中哪个层级的重视。政府的重视程度不同，本地推广的深度和广度不同；政府的层级越高，推广范围越大。如果得不到当地政府的重视，尤其是得不到更高层级政府的支持，无论该模式是否有生命力，其复制程度都会受到影响。

二、互助幸福院运行中存在的问题

互助幸福院运行中存在的问题主要有三个方面：入住率偏低问题，服务设施与老年人需求不匹配问题，内部管理问题。

（一）互助幸福院入住率低的问题

河北省肥乡县互助幸福院的入住率经历了一个低—高—低的倒U字过程，2011年该养老模式在全县推广时老人们不愿意去住，经过村干部的动员，符合条件的老年人纷纷入住幸福院。笔者曾三访肥乡，2013年、2016年和2019年，中间相隔都是3年，每次走访15家左右。入住率低的原因主要有子女的反对，家务的拖累，老年人不能和谐相处，互助幸福院的选址不合适，以及安排活动内容较少等原因。

1. 子女的反对

2013年时，幸福院虽然已经实现全覆盖，但笔者访问的幸福院中有的大门紧锁，有的虽然开着门，但室内空无一人，从茶几、桌椅和床头的尘土也可以推断出老年人是不经常入住，在走访的十几家幸福院中，空置率达到一半。2016年，笔者走访的幸福院入住率明显提高，大门紧锁的情况不多，但仍有部分幸福院的入住率没有达到100%。2016年笔者访问时，一位老人说道：她在互助幸福院建成的第一年就在此居住，已经居住了4年，这是第5年。孩子在家里住，她在这里住。幸福院刚建成时，大家伙谁也不愿意来这里住。家里孩子多，他们也不同意我来这里住；孩子们觉得，让老人出来住，是孩子不孝顺，他们脸面上挂不住。但是大队的人一直来家里介绍这里的情况，一直动员让来。然后她开始动员孩子，说互助院那里老年人挺多，热热闹闹的，大家在一起挺快乐的。最后，经过7天的动员之后，家里孩子才同意她住进幸福院。

2. 选址不合适

2019年5月，笔者第三次访问肥乡，一半左右的幸福院没有开门，正常运行的12个幸福院中，入住率100%的1个，70%—90%

的 2 个，30%—70% 的 5 个，30% 以下的 4 个。相比 2016 年，入住率总体来说呈下降趋势。问及院内老年人入住率低的原因时，有位老人说，因为幸福互助院和幼儿园在一起，让在此居住的老人们感觉很闹心，嘈杂的喧闹声伴随着音乐声盖过老人们的谈话声，加之老年人耳背，听力不好，不仅交谈受到影响，看电视也受到干扰。虽然与幼儿园毗邻的幸福院是少数，但是从一个侧面反映出幸福院选址时缺乏对噪声影响因素的考虑。

除了临近幼儿园之外，幸福院远离村卫生院也在一定程度上影响了老年人的入住，老年人一旦在幸福院突发疾病，不能够在第一时间得到救助。老年人随着年龄的增长，患病率也越来越高，他们对幸福院的医疗条件有着很高的期望，如果把幸福院建在距离村卫生院较近的地方，或者把卫生院建在幸福院内，采用医养结合的模式，则在很大程度上消除老年人患病不能得到及时救助的担忧，提升互助幸福院对老年人的吸引力。

3. 老年人脱离不了家务劳动

空置率高的另一个原因是老年人脱离不了繁重的家务劳动。因为家里需要老人提供服务性支持的劳动很多，许多老年人虽然住进了幸福院，也会经常到子女家中提供服务性支持：照看孙子女，家庭养殖和家庭种植，洗衣服、做饭、打扫卫生等等。所以，当子女家中家务繁忙时，老年人经常不住在幸福院，或者就返回家中居住。

4. 老年人之间相处不和谐

老年人之间在自己的能力范围内进行彼此照顾的同时，有些时候相互间会产生一些小摩擦。例如：有些老年人对部分老年人占小便宜的行为表示极为反感，因为幸福院的水电都是免费的，而且有的还配置了洗衣机，因此有的老年人拿来家里的脏衣服到幸福院来洗，等衣服晾干后再拿回家；还有的老年人从家里拿来面，使用幸福院的电磁炉蒸馒头、蒸包子，蒸好后再拿回家。其他老年人看在眼里，如果不反对，会因看不惯这种行为而心情不好；如果反对，就会产生矛盾，影响以后彼此之间的交往。

5. 集体活动少

参加集体活动不仅可以使老年人得到身体的锻炼，还可以增加老年人之间的情感交流，扩大老年人的交往范围。竞技性的文体活动还可以使老年人产生存在感、价值感和荣誉感。适合农村老年人的集体活动包括：体育活动、舞蹈、合唱、健身操、扑克、麻将、棋牌等，而且通过对院外老年人调查发现，老年人对棋牌的喜好程度超过了 50%。2019 年的调查中，有 1/3 的幸福院没有设置活动室，有 1/6 的幸福院虽然设置了活动室，但没有对老年人开放。有 1/3 的幸福院没有安排集体活动，1/3 的幸福院安排的集体活动较少。根据第三类互助幸福院的建设标准，应该配有娱乐活动室，提供电视、象棋、麻将、纸牌、锣鼓、秧歌扇等文体娱乐器材，供老年人娱乐活动。但是这类幸福院通常建在闲置的村民住宅里，房间少，院落小，如果满足了宿舍 5 间以上，床位 10 张以上的条件要求，就很难再留出足够的空间供老年人举行集体活动，有些老年人干脆到附近的小广场与其他村民一起跳广场舞，或者走出院落散步。

(二) 互助幸福院服务设施与老年人需求不匹配问题

河北省肥乡县的互助幸福院能够在短时间内迅速发展起来，得益于县委县政府的支持，为每个幸福院提供了所需要的生活基本设施、娱乐设施。但是，在为老年人提供的各种服务设施中，部分设施并不符合老年人的需求。

1. 卫生间的设置

如厕对于许多老年人来说是一个挑战：一是腿脚不方便，蹲下去不容易，站起来也很难；二是老年人由于各种疾病在身，比如便秘、大便干燥等，如厕需要较长的时间；三是身体平衡能力差，遇到湿滑的地面容易跌倒。因此，厕所的设计应从老年人的生理状况着手，最大限度地满足老年人的需求。肥乡县互助幸福院建设指导标准中只有一类互助幸福院对厕所的建设提出了要求，厕所内配有坐便、蹲便、扶手、洗手盆等，对二类和三类互助幸福院没有提出厕所建设的标准。访谈中有些老年人认为坐便比蹲便更方便、更舒服，由于上了年纪，弯不下腰，没马桶如厕非常困难。尽管农村许多家庭仍然使用蹲便，甚至是茅坑，如厕时老年人会使用一种中心带孔的座椅，下面放置一个便盆，但是这种方式也是有风险的，如果椅子滑动，老年人坐偏，会有摔倒的危险。为了防止意外发生，幸福院首先应该为老年人设置带马桶的厕所，至少是蹲便，老年人对茅坑的设置非常反感，一是如厕不方便，二是茅坑长久无人清理，臭气熏天。卫生间需要经常用水，容易产生污渍，所以需要选用不易沾染污渍而且容易清洁的地板材质。很多地板材质在沾水后变滑，在上面走动时容易发生意外而摔倒，为老年人设计的卫生间需要注意地板材质的防滑性能。除了地板材质外，还应该为老年人设置扶手，扶手不仅能够方便老年人坐下和站起，还能够减少长时间如厕对于腰、背等部位的负担。扶手安置位置既不能距离坐便器太近，也不能太远；不能太低，也不能太高。太近，老年人转身不方便；太远，老年人助不上力；太高或太低也不便于老年人助力。扶手的设置应该位于坐便器的侧面和前面，便于老年人向前和向上用力。其他应注意的方面包括手纸盒和冲水按钮，二者都应该置于便于老年人触及的位置。手纸盒与坐便器距离太近，导致老年人使用手纸时需要扭转或者蜷缩身体，造成身体负担；如果距离太远，会导致老年人的身体处于不稳定状态。普通的坐便器冲水按钮位于水箱的侧面或者上方，老年人使用时需要大幅度地扭转身体，不便操作，在条件允许的情况下，冲水按钮应该安装在墙上或者能够用脚踩到的位置。

2. 医养结合状况

对河北省典型农村社区空巢家庭状况的调查研究显示，农村空巢老人的问题是多方面的，其中主要有三个：首先是老年人丧失劳动能力后引发的贫困问题；其次是因高昂的医疗费用致使许多空巢老人因病致贫和因病返贫问题；再次是由于子女外出务工引发的服务照料不足的问题，以及后续的医疗护理与康复治疗问题。农村空巢老人面临的这三个主要问题是相互关联的，贫困导致没钱看病，没钱看病导致疾病加重，疾病加重导致因病返贫。不能简单地说贫困是一切的根源，也不能说疾病是一切的根源，除了贫困和疾病之外还有许多导致农村空巢老人现状的因素，在此不做过多探讨。我们关注的重要议题是老年人对疾病的恐惧和照护的担心已经成为，而且一直是解决农村养老问题不可回避的两个方面。农村互助幸福院这种集体居住养老模式除了为老年人提供精神支持外，必须考虑老年人对疾病和照护的需求。

互助幸福院建设指导标准中对医养结合的模式没有做专门的规定，但是部分高标准的示范性幸福院中建设了卫生室，实际上是把村卫生室建在了幸福院中，新建的幸福院或者部分农舍改造的幸福院尽量选址时靠近卫生室，但多数是很难满足条件的，在一定程度上降低了幸福院对老年人的吸引力。

3. 菜园设置

肥乡县互助幸福院建设指导标准中对一类互助幸福院的建设提出了菜园的要求，但不是标准配置，只是要求有条件的村可在幸福院中建有菜园等配套场地，对二类和三类互助幸福院没有提出菜园建设的要求。菜园的配置是城市高标准养老公寓吸引老年人的一个重要因素，农村老年人都是农民出身，对土地有着天然的情感，无论从便利程度、经济角度，还是健身方面，菜园的配置既有重要的意义，也是农村幸福院最容易实现的一个条件，肥乡互助幸福院在建设指导标准中显然忽略了菜园设置的意义，老年人对菜园的喜好程度与菜园的配置比例形成了鲜明的反差。

4. 居住空间设置

互助幸福院在最初的建设理念中非常强调老年人之间的相互照料和精神支持，实现这两点的方式是集中居住，而且要至少两人居住在同一房间里。通过面对面的居住方式实现生活上的相互帮助，包括做饭、服药提醒、紧急呼叫等；通过相互交谈解除孤独寂寞感来实现精神方面的支持。通过对院外老年人的调查发现，高比例的老年人选择单独居住与互助幸福院最初设计的理念出现较大的反差是与对老年人的健康状况的认知有关系的。之所以希望空巢老人居住在同一个房间是因为老年人普遍身体状况较差，他们需要生活上的相互照料。事实上，2016年笔者主持的一项针对当地的空巢老人健康状况调查显示：生活不能自理的占3.28%；不健康，但生活能自理的占42.80%；基本健康的占36.70%；健康的占17.15%。健康和基本健康的老年人合计占53.22%，超过了50.00%，这个数值与院外50.00%的老年人希望单独居住的比例比较接近。如果说不健康的老年人希望共同居住实现生活上的照料，那么健康的老年人更希望单独居住保持独立的生活空间，获得更多的自由。

5. 电视机设置

作为一种大众化的娱乐工具，电视机已经不再是什么生活奢侈品，成为了普通百姓生活中的一部分。电视机是三类不同层次互助幸福院的标准配置，但是许多幸福院建设在私人住宅中，面积相对较小，东西方向只能盖4—5间房，入住人数有限，不仅缺少洗衣房和活动室，而且老年人没有地方看电视。鉴于老年人对电视机的需求有强烈的愿望，每个互助幸福院建设选址时，不能急于求成，不是任何一座院落都可以作为互助幸福院供老年人居住，为老年人提供基本的精神支持，一定要选择带有足够集体活动空间的房舍，不仅提供看电视的空间，同时也能满足老年人开展诸如象棋、麻将、纸牌、手工制作等活动场地。

6. 浴室设置

农村老年人对互助幸福院设置浴室的期望非常强烈，有超过60%的院内老年人希望幸福院提供浴室，有超过80%的院外老年人希望幸福院提供浴室。但是只有高标准的幸福院才有浴室的配备，普通幸福院的建设标准中没有涉及浴室的配备。由于老年人家中较少设有浴室，尤其是冬天老年人家中室内温度较低，即使设有浴室，也无法使用。因此，互助幸福院的浴室对老年人有着很强的吸引力。

（三）互助幸福院内部管理问题

互助幸福院作为一个社会组织，在长期的实践中取得了一些有效的管理经验，但也存在着管理制度需要进一步规范和院长责任制问题。

1. 管理制度的规范问题

肥乡县互助幸福院的管理制度是比较完善的，为进一步规范管理互助幸福院，使院内老年人保持心情舒畅，愉快生活，幸福、健康、长寿，制定的管理制度包括多个方面：安全守则，公物和财务管理、卫生管理、食堂管理制度，互助制度，学习和会员制度等，此外幸福院还规定院长岗位责任制、院民十要十不要、文明五字歌、五好院民标准等等。通过这些管理制度，使老人们有了相处的规范，倡导了院内积极向上的氛围。但制度不是万能的，一是制度不可能规范人们的所有行为，二是不是所有人都会遵守这些制度。比如，有很多私人的货物堆积在院中，也有人把狗带入互助幸福院；不仅破坏了院内的整洁，狗的狂吠也破坏了安静的环境，并对老人的安全构成威胁。另外，水电方面主要是政府拨款，每个人每年都有政府的 500 元的补贴，但不直接发到个人手里，直接归村委会所有，用于院里的日常支出。有老年人建议拨付给幸福院的钱应该直接给到幸福院，如果经村委会一转手，这些款项可能会被挪作他用，尤其是当村委会出现资金紧张时，可能就到不了幸福院里了。再者，民政局提供的物资，如家具、电器等，也会经村委会；提供的数量很充足，只是缺少专人管理，被锁在闲置的房间内，甚至被村干部拿到自己家中使用。访谈中有位老人提到，最近又卸了一批煤，村里几个管事的人每个人都往自己家里拉了点。另外，上边给了 6 台或 7 台电视机，几个管事的都拿到自己家里了，只给幸福院剩下 1 台，还给锁起来了。在南面有一间储物间，有电视机、洗衣机、冰箱，全都锁起来了，不给老人用。

2. 院长责任制问题

院长的责任不到位是一个影响老年人生活质量的问题，当老年人不愿意入住幸福院时，村干部和院长会劝说大家搬进幸福院，并尽其所能为老年人提供最好的生活环境；当幸福院的入住率不再是个问题时，村干部和院长就放松了对幸福院的管理，访谈中一位院长表示，他自己并不负责管什么事情，幸福院里面的老年人都是自己管自己的事情，或者互相帮助做一些大家都力所能及的事情。询问到若里面老年人发生矛盾怎么办时，他说清官难断家务事，他的做法只能是不问对错，也不去管谁对谁错就把两个人都赶出去，因为村里想入住的老年人还很多。他补充道：至今为止还没有出现这种情况，大家在这住着很好，都不愿意回家。笔者在采访中了解到，幸福院为老年人配置的阅读室并没有发挥其应有的作用，由于老年人整体文化水平较低，很多人患有眼疾，阅读室常年上锁，并没有人进去阅读。笔者问院长为什么不把阅读室改成床位。他的回答是首先这个事他不负责管不了，其次，由于在这里住的老年人都是免费的，一旦入住总会有一些生活开销，县里只给固定的钱，超出这个范围就要村里出钱，而村里又没有什么收入，因此住进来的人越多花钱就越多。这也从一个侧面反映出幸福院资金配套仍然是制约幸福院发展的一个问题。

第二节　农村互助养老模式发展困境的原因分析

一、主观因素分析

农村互助养老模式在全国范围内的实践过程中，存在发展不均衡的现象，主观因素主要有以下几个方面：

（一）对政府依赖严重，缺乏内生动力

农村互助幸福院是由农村干部带领农村老年人为了解决农村空

巢老人养老问题开创的一种养老模式，这种模式得到政府的认可之后，政府主导了农村互助幸福院的建设，形成了对政府过分依赖，缺乏内生动力的现象。

1. 对政府依赖严重

农村互助幸福院在肥乡县的推广首先依靠的是每年动用了县财政的 300 万元专项资金，用于幸福院建设和运行管理补贴；其次是出台了一系列相关政策全方位支持和鼓励幸福院的建设。在这两项支持中，资金的支持是力度最大的，如果说没有资金的支持，幸福院既不能实现覆盖全县，更不能持续发展十多年。肥乡县互助幸福院的发展除了依赖政府的资金支持以外，基本上没主动联系其他渠道的资金注入。对于农村老年人养老问题，在现有的国家经济实力条件下，完全依赖政府的支持，是不现实的，事实上也不是一条理想的道路选择；如果政府实行大包大揽的政策，不仅会给政府带来巨大的财政压力，还会抑制民众的能动性和创造力。因此，作为农村互助幸福院所在的社区，应该调动全社会一切可以调动的力量，尤其是农村自组织的发展壮大可以在一定程度上摆脱对政府的依赖，实现自力更生、自我发展。

2. 缺乏内生动力

河北省肥乡县互助幸福院、威县孙家寨的饺子宴以及平山县景家庄的老年协会三个案例从不同的角度为我们提供了开发内生动力的各种源泉，村集体、农村志愿者服务组织、各种社会组织，包括各类企业和民间团体等等都是可以链接的各种社会资源，都可以从不同的角度为农村互助幸福院或者是其他的养老模式提供不同角度的支持。其他地区的互助幸福院没有健康地发展起来的原因之一就是忽略了这些力量的贡献。仅仅依靠政府的支持，不仅会受到资源的限制，甚至是得不到资源的支持，同时如果没有最大限度地调动一切可以调动的民间力量，农村老年人的养老质量也会受到不同程度的影响。因为对老年人的支持，除了物质支持外，还有精神支持，尤其是服务照料支持，尽管各种支持的基础是物质资源，但是精神支持和服务照料支持最终能够落到实处还是依靠人的支持，离开了高质量的人的服务，提高老年人生活质量就是一句空话。充分调动各种社会力量，既能从物质上给予支持，也能为老年人提供高质量的精神支持和服务照料支持。因此，来自政府的物质支持、政策支持，以及焕发农村互助幸福院内生动力产生的物质支持、精神支持和服务支持是建设全方位养老支持体系不可或缺的。

（二）服务定位不准确

互助幸福院从建院开始就存在着入院条件的限定问题，把很多老年人拒之门外，其原因是忽略了老年人的需求、老年人的生理健康状况和心理健康状况。

1. 没有满足所有有需要的农村老年人入住互助幸福院的需求

所谓养老就是养到老，然而幸福互助院的入住标准之一是那些有自理能力的人一起居住，等到老年人患病后就要回到家中。根据笔者的调查，老年人最担心的问题之一就是生病后能否得到服务照料，幸福院不应该拒收患病的老年人，生病后是老年人最需要服务照料的时期，如果患病不是非常严重，无需住院治疗的疾病，幸福院应该设计出相应的治疗措施，允许老年人之间可以进行相互照护。另一个入住标准是空巢老人，与子女共居的老年人不能入住。幸福互助院的设计应该从老年人需求的视角，接纳一切有养老需求的老年人，无论是空巢老人，还是与子女共居老人。究竟哪类老年人属于有需求的老年人，或者说，互助幸福院应该接纳哪些类型的老年人要根据我国老年人的健康状况而定。

2. 忽略了我国老年人口的实际生理健康现状

生理健康对于老年人至关重要，老年人的生理健康状态可谓是评价老年人健康状况的关键内容。[1] 相关研究也表明，老年人的躯体健康及其日常生活功能是影响其生活质量的主要原因。[2] 老年人的生理健康状况主要通过自我健康评价、慢性病患病率、两周患病率、日常生活自理能力（ADL）等指标反映出来，我们可以通过这些指标来了解我国老年人口的生理健康现状。

首先，就老年人口的自我健康评价而言，2010 年我国第六次人口普查结果显示，在被调查的 17 658 702 名 60 岁及以上老年人口中，其中 43.8% 的老年人自评身体健康，39.3% 的老年人自评身体基本健康，13.9% 的老年人自评身体不健康但生活能自理。[3] 2015 年进行的第四次中国城乡老年人生活状况抽样调查结果表明，33.0% 的老年人自评健康状况比较好或非常好，24.8% 的老年人自评健康状况比较差或非常差。[4] 在这一问题上，城市老年人自评健康状况好于农村老年人，东部地区老年人自评健康状况好于西部地区老年人，男性老年人自评健康状况好于女性老年人，年龄小的老年人自评健康状况好于年龄大的老年人，文化程度高的老年人自评健

---

① 参见郑晓瑛：《中国老年人口评价指标研究》，《北京大学学报》（哲学社会科学版）2000 年第 4 期。

② 参见原爱中等：《格尔木地区老年人健康状况调查报告》，《高原医学杂志》2000 年第 1 期。

③ 参见杜鹏：《中国老年人口健康状况分析》，《人口与经济》2013 年第 6 期。

④ 参见党俊武著：《中国城乡老年人生活状况调查报告（2018）》，社会科学文献出版社 2018 年版，第 113 页。

康状况好于文化程度低的老年人，有配偶、离婚的老年人自评健康状况好于丧偶、从未结婚的老年人。例如，2010 年我国人口普查结果显示，有 50.0% 的城市老年人自评身体健康，46.0% 的镇老年人自评身体健康，只有 40.4% 的乡村老年人自评身体健康；山东、浙江、广东、江苏等东部地区省份有超过 50.0% 的老年人自评为健康，陕西、四川、青海、甘肃、西藏等西部地区省份自评为健康的老年人比例不到 40.0%，在西藏这一比例为 24.5%；有 48.2% 的男性老年人自评为健康，只有 39.6% 的女性老年人自评为健康；60—64 岁年龄组有 60.8% 的老年人自评为健康，65—69 岁年龄组有 48.4% 的老年人自评为健康，70—74 岁年龄组自评为健康的老年人比例下降到 35.2%，80—84 岁年龄组只有 20.5% 的老年人自评为健康；一半的有配偶老年人自评为健康，38.0% 的有配偶老年人自评为基本健康，两者合计达到 88.0%，但是对于丧偶和未婚老年人而言，各有 28.0% 的老年人自评为不健康。[①] 2015 年进行的第四次中国城乡老年人生活状况抽样调查结果也表明，37.8% 的城市老年人自评健康状况非常好或比较好，只有 27.7% 的农村老年人自评健康状况非常好或比较好；在浙江省，认为自身健康状况非常好和比较好的老年人的比例分别为 11.3% 和 37.0%，而在西藏地区这两个比例分别是 3.4% 和 30.2%；在天津，认为自身健康状况非常好和比较好的老年人的比例分别为 14.9% 和 35.7%，而在重庆这两个比例分别是 7.7% 和 24.5%；37.7% 的男性老年人认为自身健康状况非常好和比较好，28.6% 的女性老年人认为自身健康状况非常好和比较好；21.1% 的男性老年人认为自身健康状况非常差和比较差，但是有

---

① 参见杜鹏：《中国老年人口健康状况分析》，《人口与经济》2013 年第 6 期。

28.1%的女性老年人认为自身健康状况非常差和比较差；60—64岁年龄组约有4成的老年人认为自身健康状况非常好或比较好，85岁及以上老年人只有20.8%的老年人认为自身健康状况非常好或比较好；34.3%的未上过学的老年人认为自身健康状况比较差或非常差，24.6%的小学学历的老年人健康状况比较差或非常差，不足20.0%的初中或高中/中专/职高学历的老年人认为自身健康状况比较差或非常差，不足10.0%的大学专科或本科及以上的老年人认为自身健康状况比较差或非常差，有配偶、离婚的老年人自评自身健康状况非常好或比较好的比例分别是35.8%和37.2%，而丧偶、未婚的老年人这一情况的比例却是25.4%和26.2%。① 就我国老年人慢性病患病率而言，2013年第五次国家卫生服务调查结果显示，自1993年起，我国60岁及以上老年人慢性病患病率呈持续上升状态，2003年以来的增长快于1993—2003年，其中1993年为50.6%，1998年为50.2%，2003年为50.1%，2008年为59.6%，2013年上升至71.8%。就此指标而言，城市地区老年人患病率为81.1%，明显高于农村地区老年人慢性病患病率61.6%，女性老年人慢性病患病率为76.3%，高于男性老年人慢性病患病率67.1%，年龄大的老年人慢性患病率高于年龄小的老年人口慢性患病率，其中60—64岁年龄组为59.5%，65—69岁年龄组为71.6%，70—74岁年龄组为80.9%，75—79岁年龄组为85.0%，80—84岁年龄组为86.4%，但是85岁及以上年龄组慢性病患病率（73.6%）略有下降。另外，就慢性病疾病谱而言，老年人前五位的慢性病依次为高血压、糖尿病、

---

① 参见党俊武著：《中国城乡老年人生活状况调查报告（2018）》，社会科学文献出版社2018年版，第113—120页。

脑血管病、缺血性心脏病和慢性阻塞性肺病，这五种疾病的患病人次占总患病人次的69.7%。就患多种慢性病情况而言，患1种慢性病的老年人所占比例为33.0%，患2种及以上慢性病的老年人所占比例为16.2%，且城市地区老年人患多种慢性病的比例高于农村地区老年人患多种慢性病的比例。① 显然，带病生存成为当今我国很多老年人生活的常态。

就两周患病率而言，我国老年人的情况也不容乐观。第五次国家卫生服务调查结果表明，老年人的两周患病率这一指标在1990—2010年也是呈持续上升的状态，1993年为25.0%，1998年为29.0%，2003年为32.1%，2008年为43.2%，2010年快速上升至56.9%。关于这一指标，同样存在城乡差异、性别差异和年龄差异等问题，其中：城市地区老年人的两周患病率为66.9%，高于农村地区老年人的两周患病率45.8%；女性老年人的两周患病率为61.0%，高于男性老年人的两周患病率52.5%；年龄大的老年人的两周患病率高于年龄小的老年人的两周患病率，其中60—64岁年龄组两周患病率为47.0%，65—69岁年龄组为56.0%，70—74岁年龄组为63.1%，75—79岁年龄组为68.8%，80—84岁年龄组为69.4%，但是85岁及以上年龄组两周患病率略有下降，数值为61.1%。在疾病顺位问题上，老年人两周患病的疾病主要为慢性病，高血压、糖尿病、感冒、脑血管病和缺血性心脏病为前五位疾病。②

日常生活自理能力（ADL）是对老年人客观身体状况的一种衡

---

① 参见国家卫生计生委统计信息：《2013第五次国家卫生服务调查分析报告》，中国协和医科大学出版社2015年版，第150—154页。

② 参见国家卫生计生委统计信息：《2013第五次国家卫生服务调查分析报告》，中国协和医科大学出版社2015年版，第150—154页。

量，它主要体现在老年人日常生活中的吃饭、穿衣、上下床、上厕所、室内走动、洗澡等活动中。2010 年我国第六次人口普查调查结果表明，60 岁及以上老年人生活自理能力状况总体较好，生活不能自理者占 3.0%。① 然而，2013 年第五次国家卫生服务调查结果显示，我国生活不能自理的老年人比例在上升，调查中有 11.6% 的老年人近 30 天日常生活起居需要人照顾。这个比例虽然不高，但是考虑到我国老年人口基数大，需要长期照料的老年人达到数千万。另外，在这一问题上，同样存在男性老年人的情况好于女性老年人，年龄小的老年人情况好于年龄大的老年人。2010 年我国第六次人口普查结果显示，在生活不能自理的老年人中，58.4% 为女性老年人；80 岁及以上老年人生活不能自理者的比例迅速上升。②

通过上述指标，可知我国老年人生理健康总体状况不错，很多老年人具备日常生活能力而不需要他人照料，这不仅反映了我国实行健康老龄化战略的实际成效，同时也说明老年人并非都是体弱多病的代名词以及人口老龄化并不必然意味着医疗费用的增加和社会家庭负担的增重。但是，随着这些年来我国人口老龄化趋势的不断加剧，老年人生理健康领域也存在不少问题：一是老年人的慢性病患病率和两周患病率在持续上升；二是生活不能自理的老年人越来越多；三是在老年人群内部存在城乡、地区、性别、年龄之间的身体健康不平等现象。这些问题不仅直接降低老年人自身的生活质量，而且将进一步加剧我国医疗资源短缺的矛盾，乃至影响我国社会的整体发展，因此需要得到社会各界的高度关注。

---

① 参见杜鹏：《中国老年人口健康状况分析》，《人口与经济》2013 年第 6 期。
② 参见国家卫生计生委统计信息：《2013 第五次国家卫生服务调查分析报告》，中国协和医科大学出版社 2015 年版，第 146 页。

3. 忽略了我国老年人的实际心理健康现状

老年人的心理健康对于老年人也很重要，20 世纪 70 年代提出的生物—心理—社会医学模式早就揭示了人的健康不仅受制于生物因素，而且受制于心理因素和社会因素，这三者之间相互影响和互为因果。因此，老年人的心理健康状况将直接影响其生理健康状况和社会健康状况。老年人的心理健康状况主要通过认知功能、主观幸福感、生活满意度、老年孤独感、老年抑郁等指标反映出来。

老年人的认知功能是其心理健康内涵之一，心理健康的标准之一就是认知功能正常，一个人的认知功能状况直接反映了其心理健康状况。关于我国老年人的认知功能问题，2017 年发布的《中国中老年人健康状况蓝皮书》表明，我国老年性痴呆患病率、阿尔茨海默病患病率、轻度认知功能障碍患病率和中重度认知功能障碍患病率都呈现出递增的趋势，其中老年性痴呆患病率在 1997—2000 年期间为 2.7%、2001—2005 年期间为 4.7%、2006—2010 年期间为 5.8%、2011—2016 年期间为 7.0%，2011—2016 年期间的老年性痴呆患病率较之于 1997—2000 年期间增长了 1.6 倍；2011—2016 年期间的阿尔茨海默病患病率较之于 2001—2015 年期间增长了 1.4 倍；2011—2016 年期间的轻度认知功能障碍患病率和中重度认知功能障碍患病率较之于 2001—2005 年期间分别增长了 85.0% 和 31.5%。在认知功能问题上，男性老年人的状况好于女性老年人，女性老年人患老年性痴呆和认知功能（记忆力）障碍的明显高于男性老年人。例如：70—79 岁年龄组女性老年人的老年性痴呆患病率接近 7.0%，而男性老年人患病率不到 5.0%；80—89 岁年龄组女性老年人的老年性痴呆患病率接近 17.0%，而男性老年人患病率大约为 10.0%。低龄老年人的认知功能状况好于高龄老年人，同样以老年性痴呆患病率为例，60—69 岁年龄组为 1.8%，70—79 岁年龄组为 5.0%，80—89 岁年龄组为 17.7%，90 岁以上年龄组则高达 36.8%。① 老年人认知功能的退化将导致其出现焦虑、忧郁等心理疾患。

老年孤独也是反映老年人情绪性格和精神生活状况的重要指标。第四次中国城乡老年人生活状况抽样调查结果显示，2015 年经常感到孤独的老年人比例为 6.4%，感到孤独（经常＋有时）的老年人比例为 36.6%，有时感到孤独的老年人比例为 30.3%。在这一问题上，农村老年人感到孤独的比例高于城市老年人，农村老年人的孤独感为 43.8%，城市老年人的孤独感为 29.9%。女性老年人感到孤独的比例高于男性老年人，女性老年人孤独感为 39.9%，男性老年人孤独感为 33.0%。年龄越大的老年人感到孤独的比例越高，其中经常感到孤独的老年人不同年龄组分布比例是：60—64 岁 4.3%、65—69 岁 5.2%、70—74 岁 6.8%、75—79 岁 8.3%、80—84 岁 9.7%、85 岁及以上 12.2%；有时感到孤独的老年人不同年龄组分布比例是：60—64 岁 23.9%、65—69 岁 27.9%、70—74 岁 31.8%、75—79 岁 36.0%、80—84 岁 40.4%、85 岁及以上 45.5%。文化程度低的老年人感到孤独的比例高于文化程度高的老年人，其中经常感到孤独的老年人分布比例是：未上过学的老年人 9.9%、小学学历的老年人 5.9%、初中学历的老年人 3.9%、高中/中专/职高学历的老年人 2.8%、大学专科学历的老年人 1.7%、大学本科及以上学历的老年人 1.6%；有时感到孤独的老年人分布比例是：未上过学的老年人 39.0%、小学学历的老年人 31.1%、初中学历的老年人

---

① 参见陈伟等著：《中国中老年健康状况蓝皮书》，中国劳动社会保障出版社 2017 年版，第 1—3 页。

21.9%、高中/中专/职高学历的老年人17.9%、大学专科学历的老年人14.3%、大学本科及以上学历的老年人14.1%。无配偶的老年人感到孤独的比例高于有配偶的老年人，其分布比例是：从未结婚的老年人77.6%（经常35.8%，有时41.8%）、丧偶的老年人65.4%（经常14.7%，有时50.7%）、离婚的老年人58.5%（经常16.7%，有时41.8%）、有配偶的老年人25.3%（经常2.7%，有时22.6%）。[①]

根据调查显示，有孤独感的不仅仅限于空巢老人，与子女共居的老年人中有孤独感的比例达到1/3强。独居老人感到孤独的比例高于其他居住方式的老年人，独居老人为71.3%（经常20.7%，有时50.6%），空巢老人为26.2%（经常2.7%，有时23.5%），与子女共居的老年人为35.3%（经常5.0%，有时30.3%）。农村老年人的文化程度普遍较低，相比城市老年人来说孤独感更强烈。[②] 受历史条件制约，河北省农村空巢老人的受教育程度普遍较低，没上过学的占20.3%，小学比例为59.2%，占据了绝大多数；也有部分老年人学历为大专以上，课题组认为应该和户口回迁的逆城市化过程有关系。

有的老年人认为：如果不能把需要养老的人留在幸福院，那么，所谓的养老则是养不到老。因此，如何让有需求的老年人都能够入住幸福院是互助养老模式需要改进的一个重要方面。从年龄层次上看，随着年龄的增长，孤独感随之增加。尽管高龄老年人的孤独感达到了

---

① 参见陈伟等著：《中国中老年健康状况蓝皮书》，中国劳动社会保障出版社2017年版，第1—3页。

② 参见陈伟等著：《中国中老年健康状况蓝皮书》，中国劳动社会保障出版社2017年版，第1—3页。

40.0%以上，但是 70 岁以下的低龄老年人的孤独感也在 25.0% 左右，低龄老年人的精神支持同样不应该是被忽略的问题。经济落后地区的老年人感到孤独的比例高于经济发达地区的老年人，这一比例按照从高到低的顺序排在前五位的省份是甘肃（48.3%）、海南（47.9%）、云南（47.7%）、宁夏（47.7%）、西藏（45.5%），后五位的省份和直辖市是福建（27.2%）、浙江（25.5%）、上海（22.3%）、北京（19.2%）、天津（17.7%）。自评身体健康状况差的老年人感到孤独的比例高于自评身体健康好的老年人，自评身体健康非常差的老年人感到孤独的比例是 63.1%（经常 21.9%，有时 41.2%），而自评身体健康非常好的老年人感到孤独的比例是 14.8%（经常 2.4%，有时 12.4%）。自评经济状况差的老年人感到孤独的比例高于自评经济状况好的老年人，高达 68.0%（经常 26.9%，有时 41.1%）的自评经济非常困难的老年人感到孤独，只有 13.2%（经常 2.7%，有时 10.5%）的自评经济非常宽裕的老年人感到孤独。[1] 肥乡县属于经济比较落后地区，曾经是河北省的贫困县之一，以上的调查进一步印证了经济欠发达的肥乡县东部的老年人对互助幸福院需求程度更高。

除了上述指标外，我国老年人的生活满意度和老年抑郁等指标也能反映其心理健康状况。就生活满意度而言，我国南北方老年人健康状况调查结果表明，绝大多数老年人对自我生活基本满意且具有积极向上的生活态度。[2] 就老年抑郁而言，有关研究对 2000 —

---

[1] 参见党俊武著：《中国城乡老年人生活状况调查报告（2018）》，社会科学文献出版社 2018 年版，第 404—408 页。

[2] 参见"珠海市人口老龄化现况调查及对策研究"课题组、"中国老龄人口健康问题与对策研究"课题组：《中国南北方老年人健康状况调查与分析——以广东省珠海市和吉林省长春、四平两市为例》，《人口学刊》2016 年第 1 期。

2010 年期间我国老年人抑郁患病率分析之后发现，我国老年人抑郁症状的合并患病率为 22.6%，且农村地区的患病率高于城市地区，中西部地区的患病率高于东部地区，女性老年人的患病率高于男性老年人，文化程度低的老年人的患病率高于文化程度高的老年人。[1]北京大学国家发展研究院发布的 2015 年中国健康与养老追踪调查项目（CHARLS）研究报告显示，被调查的老年人中患有程度较高的抑郁症状的比例高达 33.1%。[2]

从上述指标情况来看，我国老年人的主观幸福感较之过去有了较大的提升，而且绝大多数老年人对于自己的生活表示满意，这说明我国积极应对人口老龄化和全面推进老龄事业发展已经取得了初步成效，老年人的生活得到了显著的改善，其心理健康状况也就相应得到了改进。然而，不容忽视的是，我国老年人的心理健康依然存在不少问题：一是老年人认知功能退化问题日益严重；二是我国老年抑郁患病率的情况不容乐观，世界卫生组织早就推论：至 2020 年底抑郁症将成为继癌症之后的人类健康新杀手，在自杀和企图自杀的老年人中有 50%—70% 的人继发于老年抑郁；[3] 三是老年人的各项心理健康指标都存在性别差异、城乡差异、区域差异、教育程度差异、居住方式差异、婚姻状况差异、经济水平差异等问题，这不仅说明老年人的心理健康受制于各种社会经济因素，同时表明老年人的心理健康领域也存在不平衡现象。另外，老年人的身

---

[1] 参见张玲等：《2000—2010 年中国老年人抑郁患病率的 meta 分析》，《中国老年学杂志》2011 年第 17 期。

[2] 参见孙文文：《北大国发院养老研究报告：三成老人有抑郁症状》，《北京晚报》2016 年 10 月 20 日。

[3] 参见党俊武著：《中国城乡老年人生活状况调查报告（2018）》，社会科学文献出版社 2018 年版，第 404—408 页。

体健康状况直接影响其孤独感、幸福感等心理感受，这再次证明身心之间的密切联系。老年人的心理问题并不完全是由个人因素引起的，更多的是由社会发展中出现的诸多社会问题造成的，社会问题与老年人心理问题存在相互作用的关系：一方面，很多社会问题引发老年人的心理疾患；另一方面，老年人的心理疾患又会导致很多社会问题。正因为如此，老年人的心理健康也需要得到人们的关注。

二、客观因素分析

互助幸福院发展困境中的客观因素主要有两点：一是老年人无法摆脱繁重的家务劳动；二是受互助幸福院本身身份的局限。

（一）老年人无法摆脱繁重的家务劳动

在子女外出务工后，一些家务劳动就落在了老年人身上。农村老年人承担的家务劳动主要包括以下五个方面：

1. 饮食服务类的家务劳动

饮食服务主要包括柴米油盐等的采购、加工制作，饭毕的收拾桌子、洗刷餐具等。肥乡县虽然没有处在边远、贫穷落后地区，但仍然固守着传统的生活方式，做饭依然是一件比较繁重的家务劳动。由于许多生活必需品都是自给自足的，如柴、米、油、蔬菜等，所以，与城市居民不同的是，"买菜做饭"中的"买菜"变得轻松了许多，然而，"做饭"却格外得沉重。城市中，天然气和煤气基本上已经普及了，而农村的居民还以柴草为主要燃料，燃煤算得上是比较奢侈的了，更不用说使用煤气和天然气了。少数的富裕家庭在农忙时会经常使用煤气，平时以煤为主。要想把一大锅水用柴草烧开本身是需要一定时间的，如果在炎热的夏天，坐在炉火旁边烧火，那种难受是现在的城市人难以想象的。烧柴草做饭本身需要的时间比较长，许多家庭为了省钱，一般不购买食物，像馒头、面条、大饼等等日常主食都是自己做，这样，做一顿饭的时间至少需要一个小时。对于做午饭或晚饭来说，因为有的是时间，老人们可以按时把饭准备好。但就早饭来说，当儿子、儿媳、孙子女们睡得正香时，母亲早已起床开始早饭的准备。无论是哪顿饭，饭后，子女们或者去聊天，或者是去看电视，收拾桌子、刷锅、洗碗便成了母亲常规性的工作。在我们访谈过程中，不少老年人把自己比作儿子的保姆，而且是不花钱的保姆。

2. 关于衣着被服的家务劳动

衣着被服家务劳动包括家庭成员所需的衣物、被服、鞋袜等的购置、制作、洗涤、收藏、保管等所进行的劳动。"男主外，女主内"是传统社会男女家庭角色的分配原则，衣物、被服、鞋袜等的购置、制作、洗涤、收藏、保管等这些家庭内部事务自然就成了母亲的责任。衣物、被服、鞋袜等的购置、制作不属于日常性的劳动，且劳动强度也不大，我们在这里不过多地讨论，我们主要考察老年人在洗涤衣物、被服、鞋袜等方面付出的劳动。与城市人的家务劳动的简单化相对比，农村的家务劳动减轻的步伐非常缓慢。就拿洗衣服来说，城市人早已告别了"手洗"的年代，洗衣机也在不断地更新换代，由原来的单缸洗衣机改为双缸洗衣机，进而又升级为全自动洗衣机。不管衣物有多少，城市人所要做的是把需要洗的衣物放进洗衣机，轻轻按动几个按钮，然后把甩干的衣物晾起来，就算基本完成任务了。在农村，受多方面因素影响，洗衣服依然是一项繁重的家务劳动。首先，由于电力供应不足，影响了包括洗衣机等家电的使用次数；其次，农村的家庭没有上下水的设施，如果想用洗衣机，需要一桶、一桶地把水倒进洗衣机。等洗衣机工作完毕，再一桶一桶地把洗衣机内的水排出。洗涤、漂洗需要数次一桶一桶地把水倒进和排出，对于年轻人来说，都是一件需要体力的劳动，更何况年老体弱的老年人呢？再者，受经济条件的制约，有的家庭买不起洗衣机。所以，"手洗"的传统被保留了下来。正像上文所陈述的，老年人既然被看作是不花钱的保姆，洗衣就成了老年人分内之事。夏天的衣服单薄，洗起来比较容易。令人望而生畏的是在冬天洗衣服，衣服既厚重，水又冰凉，手被寒风吹过，留下一道道裂口。我们会在冬天看到老年人的手经常缠着胶带，那多半是沾过水的手被寒风吹过留下的。

3. 抚养、教育孙子女方面的劳动

子女外出务工后，照料孙子女便成了老年人的事情。老年人照看孙子女的内容，依孙子女的年龄而有所不同。当孙子女刚刚出生时，照看孩子的工作是较为轻松的，只要满足孩子的衣食需求即可。当孩子到了蹒跚学步的年龄，需要老年人扶着孩子学习走路，对上了年纪的老年人来说，常常累得腰酸背痛。当孩子到了上学的年龄，老年人不仅要接送孩子上学、放学，还要准备好一日三餐，老年人把大量的时间和精力花在了抚养、教育孙子女方面，无法脱身去享受属于自己的生活。

4. 侍奉照料病人的劳动

照料家庭中的病人包括照料老年人、子女和孙子女。照料生病的老年人通常是儿女们的责任和义务，但是，当老年人双方有一方健康条件允许时，这一方往往承担了更多照顾生病的另一方的责任。根据学者王华丽 2005 年在江西省某农村社区对 60 岁及以上 199 名老年人的调查，199 名老年人中受配偶照料的为 79 名，占被调查人数的 39.7%。① 从这些数据中看，当老年人生病时，只要老年夫妇中的一方身体条件允许，配偶通常是照料病人的第一选择。本来"上有老，下有小"是针对 40、50 岁中年人来说的，而随着人们寿命的逐渐延长，一些 60—70 岁的老年人也变成了"上有老，下有小"的一代，所不同的是，在他们的下面不是一代，而是两代，他们承受的上照顾老、下照顾小的压力更重。例如，有的六七十岁的老年人既要照顾家中 80 岁以上体弱多病甚至瘫痪在床的老年人，又要照顾患病的子女或孙子女。这种情况在经济条件相对困难的农村家庭比较常见。

5. 承担家庭养殖、家庭种植和管理承包地庄稼的劳动

农村的家家户户都有一个不小于 2 分（1 分 = 0.1 亩）的庭院，自从村民们开始使用自来水后，便利的用水给村民们经营家庭养殖和家庭种植经济创造了良好的条件。庭院中种植的蔬菜主要是些家常菜，如茄子、辣椒、西红柿、豆角、大白菜等。庭院中养殖的家禽和家畜主要包括鸡、鸭、鹅、猪、羊等。比庭院种植和家庭养殖更繁重的劳动是管理承包地，按照每人 2 亩承包地计算的话，老年人自己的承包地和子女的承包地合计至少在 6 亩以上，年轻子女外出后，老年人成为了管理承包地庄稼的主要劳动力，繁重的劳动把他们束缚在家庭中，无法抽身去互助幸福院尝试另一种生活方式，这是部分互助幸福院入住率较低的原因之一。

（二）互助幸福院身份的局限

互助幸福院的身份性质及其合法性一直困扰着幸福院的发展。

---

① 参见王华丽等：《农村地区老年人照料者的社会支持、卫生服务使用与精神卫生状况》，《中国老年学杂志》2006 年第 2 期。

1. 互助幸福院的身份性质尚未确定

互助幸福院的由来是农村老年人自发建立的一种农村社区社会组织，后经当地政府的认可，在全县范围内大力推广，实现县域范围内全覆盖。随着互助幸福院的普及和推广，制度建设进一步健全，硬件设施不断改善。但互助幸福院的身份问题在一定程度上影响了民间力量注资的可能性和自我发展的灵活性。

本书中讨论的互助幸福院身份问题指的是其性质问题，"互助幸福院"究竟是什么性质，它既不是养老院，也不是普通的养老公寓，既没有独立法人资格，也没有在当地民政部门备案，由于互助幸福院的身份问题，不能够在更大范围内直接接受捐款或者其他的物资支持。

互助幸福院是一种自发的社区社会组织，是应对农村空巢老人养老问题建立起来的民间社会组织，承载着服务老年人需求、丰富老年人生活、促进家庭和谐等各方面的功能。村委会管理互助幸福院的模式，使互助幸福院的自我发展空间变小，自我决定权限受限，老年人的合理诉求有时得不到满足，如服务设施的使用问题和活动空间的开放问题。调查中有的老年人反映说：民政局提供的物资，如家具、电器等，提供的数量很充足，只是缺乏专人管理，有的被锁在闲置的房间内，甚至被村干部拿到自己家中使用；幸福院配置的阅览室利用率很低，因为老年人的文化程度低，阅读的需求不是很大，阅览室在常年不开放的情况下，应该改变其用途。

2. 身份的合法性没有确立

互助幸福院的性质是村委会组织筹建起来的农村社区内的一种自发组织，管理上接受村委会的指导。自从河北省肥乡县幸福院运行以来，管理者担心的是如果老年人发生某种意外、受到伤害，产生法律纠纷怎么办。老年人群体中患有慢性疾病的占多数，加上腿脚不灵便，生活中难免会发生跌倒或碰撞的事情，加上有的老年人会有突发性疾病，或许有的有生命危险，这些潜在的风险对互助幸福院来说一旦发生，就会给互助幸福院带来危机。尽管老年人入住之前已经由子女和互助幸福院签订了有关协议，如果发生类似事件，可以免除互助幸福院的责任，但是，老年人一旦在幸福院发生风险，老年人或者其子女投诉谁？如果投诉互助幸福院，互助幸福院不是一个独立法人单位；如果投诉村委会，村委会会认为，互助幸福院是一个自发的社区社会组织，会想尽办法与互助幸福院撇清关系和责任。当地政府同样会站在村委会一边，不会更多地责备村委会，否则本来有的村委会建设互助幸福院的积极性就不高，一旦发生法律诉讼，就会打击村干部的积极性，影响该模式的发展壮大，因此，需要尽快将各个幸福院在民政部门备案，让幸福院能以独立的身份处理可能发生的纠纷，为村委会松绑，解除互助幸福院的后顾之忧。

第六章　完善农村互助养老模式的对策

　　农村空巢老人面对的养老困境是多方面的，制约互助养老模式发展的因素错综复杂，如何完善被国家认可、受农村空巢老人接受、实践证明有一定现实意义的互助养老模式，需要完善农村互助养老模式的配套政策和增强互助养老模式的服务能力。

第一节　完善农村互助养老模式的几个意识

一、加强顶层设计意识

　　加强顶层设计即指加强政府层面从全局的角度对农村互助养老的各方面、各层次、各要素统筹规划，以集中有效资源，高效快捷地解决农村空巢老人的养老问题。具体来讲，可从四个方面入手：一是将积极应对人口老龄化上升为基本国策，明确政府在这一领域的主体地位和责任，加大资金投入，同时增加政府购买老年服务的财政预算和项目设计。从笔者的调研来看，除了五保、低保、养老保险和新农合之外，农村养老项目缺乏针对性的分类设计，更没有针对农村空巢老人的财政投入和服务设计。建议政府加大购买老年人服务项目财政投入，针对性缓解和应对空巢老人的各项需求，尝试通过进一步完善社区医疗保健体系和社区日间照料中心，借鉴互助幸福院的合理经验，重点解决老年人医疗保健、长期照顾和文体娱乐匮乏的问题。从福利制度入手，尝试在普惠型社会福利基础上增加针对空巢老人的分类保障建设。二是实施解决老年人问题的重大工程，包括开发老年人人力资源工程、老年教育工程、老年友好型社会①建设和改造工程、老龄服务人才建设工程、失能老年人帮扶工程、时间银行工程等。三是充分认识和肯定社会组织参与协同治理的作用，明确政府与社会组织的伙伴关系，为社会组织积极参与农村空巢老人养老问题提供政策支持，降低社会组织注册登记和审批的门槛，继续扩大社会组织直登范围，简化申报程序。四是转变观念，以党建为引领，激发农村社区自治和自我服务的内生动力。对于农村空巢老人来说，解决养老问题，关键还要从挖掘农村社区内部潜力入手，充分发挥村"两委"的组织协调能力，通过振兴农村经济，为兴办农村公共事业积累物质基础。②

二、政府应树立三重反哺意识

树立反哺意识指的是政府应对农村老年人养老有针对性地进行政策方面的倾斜，加大资金的投入，解决农村老年人的养老问题。因为从中华人民共和国成立后的 70 多年中，由于种种原因，农村老

---

① 老年友好型社会是指适应老龄化社会的发展要求，积极发展有利于老年人保持健康、独立、融入社会、参与社会的硬件设施、服务环境和文化因素。

② 参见张岭泉、陈熹：《社会工作介入农村空巢老人养老的路径》，《河北大学学报》（哲学社会科学版）2017 年第 6 期。

年人的利益受到了一定程度的损害。农村老年人利益受损的方面主要有三个：一是中华人民共和国成立之后的剪刀差损害了农民的利益，减少了农民的经济收益，降低了农民的生活水平，而在这种环境下成长起来的农民现在已经成为老年人，因而政府对现在的农村老年人实行经济上的补偿，不仅可以视为对剪刀差利益受损农民的补偿，也是对农民解决养老问题的经济支持。二是改革开放前严格的户籍制度限制了农村人口的自由流动，农民被束缚在本地从事较低收益的农业劳动，同样影响了现在已步入老年的农民的财富积累，也给他们养老带来了困难，所以政府加大对农村老年人的资金投入，也是从一定意义上对这一代农民的反哺。三是改革开放后，国家实行了免征农业税、粮食补贴、良种补贴、农机具补贴等政策，在一定程度上调动了农民的生产积极性，农民由过去种农作物收益低甚至赔本，变成了通过种农作物可以增加收入。但改革开放后的这些惠民政策主要惠及的是青年农民，多数老年人已经没有能力从事农业劳动，获得的收益就相对少些；从这方面讲，政府对老年农民实行政策上的倾斜，也是对农村老年人的一种反哺。由于我国农村在相当长的时间里各方面条件都可能落后于城市，相应地，改善和提高农村老年人养老的各方面条件也是一个长期的工作，因而需要政府长期地、有意识地对农村养老工作进行政策上的倾斜和资金上的支持。

三、互助幸福院的建设应树立需求意识

互助幸福院的建设包括硬件建设和软件建设，硬件建设中包括休闲娱乐设施、居住安排、生活设施等多个方面，软件建设包括环境建设、制度安排、医疗保健的提供。通过 2016 年的实地调查，从已经入住互助幸福院的老年人和没有入住互助幸福院的老年人了解

了两个群体的真实感受和真实期望。总的说来，院外的老年人对互助幸福院的设施提出了更高的要求，或者说是期望值更高，现有的各种条件尚无法满足老年人的需要，这或许是一些互助幸福院入住率不高的原因之一。虽然院内老年人的感受非常重要，但院外老年人人数更多，院外老年人是互助幸福院的潜在入住者，所以应该对院外老年人的态度给予更多的关注。下面从不同性别的老年人对互助幸福院的期望，可以看出院外老年人对互助幸福院的期望与现有设置存在较大的差异。

在居住安排方面，有近1/2的院外老年人希望单独居住，但是所有的互助幸福院都是两人间、三人间或者是多人间；在配备洗澡室方面，老年人对洗澡室的配备有很高的期望，而肥乡县互助幸福院只有一类的配备洗澡室，其他两类则没有；在电视机配备方面，老年人不仅期望在公共空间设置电视机，而且还期望在起居室中配备，但是笔者调查的河北省肥乡县互助幸福院的起居室内都没有配备电视机；在室内健身器材方面，老年人期望在不同层次的互助幸福院都要设置室内健身器材，但是较低层次水平的互助幸福院没有给予配置；在配置菜园方面，相对于其他的娱乐设施配置，菜园受院外老年人喜欢的程度更高，没有人表示出排斥的态度，而菜园并不是所有互助幸福院的标准配置，只有一类互助幸福院有配置；在定期体检方面，三种类型的互助幸福院都没有把定期体检作为标准配置，而老年人的需求同样非常强烈。以上六个方面的建设都与老年人的实际需求存在一定的差距。

从需求视角下建设互助幸福院，就要求从硬件建设和软件建设两个方面对老年人的需求做深入全面的调研，既要满足老年人的一般性需求，也要满足老年人的个性化需要，同时还要充分了解国内外有关互助幸福院建设的先进经验，引入更多的符合老年人需求的相关设计。

第二节　完善农村互助幸福院运行机制

一、发挥基层党支部的作用

从调研的情况看，现任农村社区党员干部或已经从领导岗位上退下来的老支书、老党员在农村互助养老模式的实践进程中发挥了引领作用。河北省肥乡县农村互助幸福院的创建人曾任村党支部书记，由于在村民中富有极高的声望，卸任后仍然担任互助幸福院的院长。伴随着社会转型加速，农村基层组织的凝聚力受到破坏，基层动员能力弱化，在这种背景下，需要发挥基层党支部的作用，积极孵化培育社区社会组织，尤其是重点发挥留守老干部、老知识分子、老退伍军人等农村乡贤的作用，培育孵化社区养老组织，激发社区公共服务的主动性和自治能力，为互助养老模式的可持续发展奠定组织基础。互助幸福院也应着手完成登记或备案工作，并建立党支部，由县级民间组织管理局社会组织综合党委统一管理，在年检、项目申请和星级评定中加大党建工作的权重，对互助幸福院党建工作突出的党支部和表现优秀的党员要在全县范围内给予表彰。

二、重新定位农村互助幸福院身份

农村互助幸福院是一种农村社区社会组织，既不是养老机构，也不是养老公寓。随着该模式被中央政府层面认可，并在全国推广，互助幸福院有了更多的机会与外界进行联系，包括接受各级政府的财政拨款，接受来自各种社会力量的物资支持、资金支持、人力支持等等。互助幸福院本身仅仅是一个社区内部的自组织，没有独立的身份，不能够与外界进行深度的交流，致使许多交流合作项目难以实现。为了满足其承载的功能，以及人们对其赋予的更高期待，有必要给予互助幸福院一个独立自主的身份，便于其能够直接与外界进行资金、物资和服务方面的交流。

为了壮大民间社会组织力量，民政部门降低了民间社会组织登记的门槛。互助幸福院属于在社区内活动的农村社区服务类社会组织，可以直接向县级民政部门申请登记，无需向市级主管部门提出申请并征得同意。各地的登记备案管理办法虽有不同，但差别不大。登记一般要满足6个条件：一是要有规范的名称，社区社会团体的名称由"行政区划名称（区）＋乡（镇、街道办事处）＋社区名称＋业务范围的反映＋社团性质的标识名称"；二是要有固定的办公场所（允许多个社区社会组织共用同一办公场所）；三是要有相应的组织机构和与业务活动相适应的工作人员（其中社会团体须有20名以上的个人会员或10个单位会员），个人会员、单位会员混合组成的，会员总数不少于20个；四是注册资金应符合国家有关规定，各地规定有所不同；五是要有规范的章程；六是要有独立承担民事责任的能力。[①]同时，为了降低登记注册门槛，部分地区规定：对没有达到登记注册标准但能够正常开展活动且符合经济社会发展需要的社区社会组织，可以向县（区）级民政部门申请实行备案管理。社区社会组织备案应当具备下列条件：有规范的名称，社区社会团体的名称由"行政区划名称（区）＋乡（镇、街道办事处）＋社区名称＋业务范

---

① 　参见湖北省民政厅：《社会组织有关政策解答》，《湖北日报》2017 年 11 月 28 日。

围的反映＋社团性质的标识名称"①；有固定的办公场所；有相应的组织机构和业务活动相适应的工作人员（其中社会团体须有 10 名以上的个人或单位会员）；有规范的章程。满足以上 4 个条件后，所有的互助幸福院就可以在县（区）级民政局完成备案。备案之后的互助幸福院不仅有了合法身份、独立账户和独立法人，依照章程接受备案部门和所属社区等业务指导部门的监督，规范地开展服务活动；还可以承接各级政府的购买服务项目、各类社会组织、企业及个人的捐赠，平等地与外界进行交流合作，增强了活动的自主性、能动性和灵活性，理顺了互助幸福院与入住老年人的责任、权利和义务，把入住老年人和幸福院的行为纳入了合法规范的管理范畴，能够依据互助幸福院的管理章程最大限度地保护双方的合法权益，有效地处理可能发生的矛盾纠纷，极大地打消老年人及其子女入住互助幸福院的顾虑，吸引更多的老年人享用这一助老服务平台，充分发挥互助幸福院的效用。

三、重新界定农村互助幸福院的隶属关系

农村互助幸福院经过十多年的发展，后劲不足的问题已经显现出来，如何唤起幸福院自身的内生动力需要重新厘清与各级政府和村委会之间的关系。按照村级主办、政府支持的原则发展起来的互助幸福院属于村委会下属的社区社会组织，由村委会一把手负责，资金由县财政支持，县委县政府制定了一系列政策制度确保互助幸福院短时间内在全县实现全覆盖。这样的管理体制在互助幸福院建

---

① 深圳市民政局：《关于印发〈深圳市社区社会组织登记与备案管理暂行办法〉的通知》，2011 年 8 月 25 日，见 https：//wenku. baidu. com/view/74a61d62f5335a8102d22088. html。

设初期极大地推动了农村养老事业的发展，为空巢老人提供了一个新的养老方式。在互助幸福院运行多年后，全国范围内其他地区的推广程度并没有达到当年的预期，即使地处互助养老模式发源地的河北省也没有实现50%的覆盖率。从另一方面讲，覆盖率是一回事，入住率是另一回事。真正检验一种养老模式是否满足老年人的需求，最终要看老年人的参与程度，不仅要看短时间内的参与程度，还要看长时间内的参与程度。

第五章分析了制约互助幸福院发展的因素：对政府依赖严重，缺乏内生动力，身份的局限，服务定位不准确，老年人无法摆脱繁重的家务劳动等。这些因素不是孤立存在的，而是相互联系、相互制约的。因为对政府依赖严重，才缺乏内生动力；由于身份的局限，没有自我运作的空间，才缺乏内生动力。如何打破各种因素之间的相互掣肘，找到问题的突破口是破解互助养老模式发展困境的关键。重新界定农村互助幸福院的隶属关系，给农村互助幸福院一个独立的身份，在相关政府部门和村委会给予必要的监督和指导下，让互助幸福院获得更多的自主权、更多的自我发展空间。

第三节　转变农村空巢老人养老观念

一、转变老年人关于"孝"的观念

随着时代的变迁，孝的概念也在变化，逐渐从注重物质上的支持转向同时注重满足老年人精神上的需要。调查发现：许多老年人不愿意入住互助幸福院的原因之一是担心给子女带来精神上的负担，怕子女背上遗弃父母的骂名。学者陈功在分析"孝"的含义时指出："孝"

的核心内容应该是"敬",不仅是养;孝是养,但养却不都是孝。评价子女对老年人是否孝敬的因素应该主要以是否有利于老年人身体健康和心理健康为主;老年人不仅需要经济上的供养,还需要健康照料和精神慰藉。① 因此,我们可以通过宣传,引导老年人及其他人明白:只要子女能够满足老年人身心的需要,同时尊重老年人自主选择的养老方式,也是孝的一种表现。如果老年人选择到互助幸福院里养老,子女给予各方面的支持和配合,也是孝敬老人的另一种方式。

调研还发现,老年人入住幸福院后不仅能够使子女安心工作,而且亲子关系也得到了改善,子女对老年人更加孝顺。因为在农村,通常是两代人在一起居住,由于两代人之间存在着饮食习惯的差异、作息时间的差异、思想观念的差异,常常会在各方面发生冲突,这就会影响老年人的身心健康;老年人入住互助幸福院以后,与子女形成了一种"分而不离"的居住形式,在这种"分而不离"的关系中,两代人既可以保持相互独立,同时又可以保持经常往来,从而减少了彼此之间矛盾的发生,更有利于老年人的身心健康。

二、淡化老年人养儿防老的观念

在社会保障制度不健全、社会服务供给不足的背景下,子女是人们养老依赖的资源。在传统社会,养儿防老除了是一种无奈的选择外,还有其存在的合理性。对于农村父母来说,子女越多意味着劳动力越多,获得的经济收益也越多;子女数量越多,父母老年期得到的经济支持、生活护理和精神慰藉也会越多。② 实行计划生育制

---

① 参见陈功著:《我国养老方式研究》,北京大学出版社 2003 年版,第 171 页。
② 参见何兴邦等:《养儿防老观念和农村青年生育意愿》,《西北人口》2017 年第 2 期。

度以前，农村家庭的子女数平均为 4.3 个；经过 40 年的计划生育政策实施之后，我国的总和生育率持续降低，即便是 2016 年全面二孩政策实施以后，总和生育率仍然停留在较低水平，对于农村老年人来说，子女个数的减少不仅减少了养老的经济来源，而且随着现在生活节奏的加快，子女为老年父母提供精神慰藉和服务照料的时间也越来越少。对于空巢老人来说，希望子女提供精神慰藉和服务照料变得愈加不切实际。互助养老是老年人应对现有家庭结构变化和生活方式转变带来的子女养老模式弱化的理性选择，淡化老年人养儿防老的观念，不仅可以减轻子女养老的压力，也可以让老年人重新审视与子女的代际关系，寻找更为现实的养老方式。

三、强化老年人积极老龄化观念

积极老龄化理论认为：保持中年阶段的价值观念和行为方式能够使老年人有所作为，通过否认老年阶段的到来，建立新的社会关系，参与新的社会活动，获得新的社会角色，以弥补步入老年期后被剥离的那些社会资本。学者邬沧萍认为：由于生理因素，老年人的身体机能逐渐减退，不可能像年轻人那样拥有强壮的体魄和旺盛的精力去高质量地完成某些工作，应该有选择地放弃某些社会活动，降低社会参与水平。但是，放弃某些社会活动和降低社会参与水平并不意味着中断与社会的联系，老年人积极参与社会活动有益于健康。[1] 参与社会活动也可以分为以个人目的为主的活动（利己行为）和以服务社会为目的的活动（利他行为）。以个人目的为主的活动包

---

[1]　参见邬沧萍等著：《全面建成小康社会积极应对人口老龄化》，中国人口出版社 2016 年版，第 112—115 页。

括各种娱乐活动和能带来个人收入的活动；以服务社会为目的的活动，主要指志愿性服务。有些活动的性质具有多重性，如时间银行志愿服务活动的目的是储存服务时间为日后自己需要时使用，可以看作是个人目的的活动，而且是有预期收入的，只是所得收入是一定时间长度的服务，而不是货币。这种志愿服务也可以是完全的无预期收入的服务活动，服务的目的不是储存服务时间，仅仅是为其他社会成员做出贡献，体现自身的社会价值。

四、增强农村空巢老人互助观念

互助养老之所以成为农村空巢老人养老的一种模式，在于现有的家庭结构和代际关系发生了根本性的变化。传统的养老模式为家庭养老，随着社会的变迁，养老的模式转向多元化，依据农村老年人的不同经济条件、不同的认知水平、不同的健康状况、不同的生活区域、不同的年龄阶段以及不同的家庭结构，人们可以选择的养老模式有家庭养老、机构养老、社区居家养老、自我养老、互助养老等等。对不同养老模式的理性选择需要老年人真正了解各种养老模式赖以存在的两个重要方面：现实的家庭结构和代际关系。

首先是家庭结构对养老模式选择的影响。家庭养老也可以被称之为子女养老，其存在的基础是子女的赡养。除了子女的孝道观念，子女的数量、子女经济条件以及子女提供服务照料和精神慰藉所需要的时间都是考察家庭养老的重要方面。从家庭结构方面看，2017 年全国人口变动情况抽样调查显示（抽样比为 0.824‰），全国家庭户数为 367 273，其中 1 人户为 57 226，占比 15.6%；2 人户为 100 061，占比 27.2%；3 人户为 90 883，占比 24.8%；4 人户为 62 853，占比 17.1%；5 人户为 32 866，占比 9.0.%；6 人户为

15 854，占比 4.3%；7 人户为 4 533，占比 1.2%；8 人户为 1 688，占比 0.5%；9 人户为 678，占比 0.2%；10 人户及以上为 629，占比 0.2%。占比最多的是 2 人户，为 27.2%，其次是 3 人户，占比 24.8%。2 人户和 1 人户共占比 42.8%，3 人以下的户数占比合计为 67.6%。① 约 2/3 左右的家庭人数为 3 人以下，5 人及以上家庭户数总计为 15.1%。家庭人数的减少意味着子女数量的减少，能够为老年人提供各种支持的人数减少，即家庭养老功能的退化。

其次是代际关系对养老模式选择的影响。家庭养老属于传统上的反哺式养老，在传统社会，我国家庭不仅重视上代对下代的抚养，同时也注重下代对上代的赡养，我国家庭的双向代际内容流动模式为"反哺"模式。我国通常的代际关系为：甲代抚养乙代，乙代抚养丙代，丙代抚养丁代；反过来，丁代赡养丙代，丙代赡养乙代，乙代赡养甲代。这里说的抚养指的是父母对未成年子女的养育行为，赡养指的是成年子女对老年父母的养老行为。"反哺"模式认为：一旦子女长大成人，成家立业后，父母就完成了抚养子女的责任。但是现实生活中，不少老年父母对成年子女的抚养行为并没有结束，在成年子女赡养父母的同时，父母的抚养行为仍在继续。鉴于传统的家庭养老已经失去意义，老年人应该转变养儿防老的观念，根据自身的具体情况选择其他的养老方式。农村老年人不具备城市老年人所拥有的经济条件，选择机构养老；也不具备社区养老所依赖的软硬件条件和运作机制，在家庭养老功能逐渐外移的背景下，互助养老可以弥补部分家庭养老失去的功能。从健康状况方面看，老年

---

① 国家统计局：《中国统计年鉴 2018》，2021 年 7 月 21 日，见 http：/www. stats. gov. cn/tjsj/ndsj/。

人通常在失去自理能力或部分失去自理能力之后才选择机构养老，也就是说人生的最后阶段是在养老机构度过的。在经济条件允许的情况下，拥有完全的自理能力阶段，互助养老是老年人更好的选择，这样老年人可以既不给子女带来服务照料的麻烦，又有自己的生活空间；互助养老可以与拥有共同语言、共同爱好的同龄人相互关照、相互扶持。

总的来看，农村空巢老人受经济条件的限制，多数不能选择机构养老；受社区养老支持的限制，也不可能选择居家养老①；由于子女外出务工致使家庭养老功能弱化，在身体条件允许的情况下，农村空巢老人应该强化互助养老意识。此外，随着国家对农村互助养老的政策支持，互助养老运行机制的不断完善，互助幸福院管理水平的提高，服务内容的增多，互助养老模式不仅适合身体能够自理的老年人，也将适合生活半自理能力的农村老年人。

第四节　提升农村互助养老模式服务水平

一、丰富农村互助养老模式的活动内容

农村互助幸福院对空巢老人的吸引力表现在多个方面，其中精神支持是主要因素之一。互助幸福院提供的精神支持体现在丰富老年人的娱乐生活、帮助老年人通过力所能及的劳动体现自我价值以及让老年人通过与青少年相处丰富精神文化生活。

---

① 此处的居家养老与社区养老同义，是与家庭养老、机构养老并列的三种主要养老模式之一。

（一）丰富老年人的娱乐生活形式

调研中发现，多数老年人之所以离开家庭搬进互助幸福院是因为家里寂寞，而幸福院热热闹闹的，大家相互照应。但是，部分老年人认为互助幸福院活动内容较少，甚至单调。幸福院能够提供的活动包括看电视、聊天、打麻将、摸老婆牌①、扭秧歌、广场舞、打洋牌②、象棋、拉二胡等。这些活动中，部分是有性别取向的：摸老婆牌、扭秧歌、广场舞受女性老年人喜欢；象棋、拉二胡受男性老年人喜欢；麻将是中性的，适合所有老年人。严格意义上讲，看电视不属于活动形式，因为基本上没有互动；一些老年人觉得在自己家里看电视更舒服，因为每个人的兴趣不同，在互助幸福院里没有根据自己的兴趣选择频道的自由。如果把老年人的特长考虑进去，并不是所有的老年人都喜欢或擅长上文提到的娱乐形式，这样的老年人可能就会觉得幸福院的生活没有什么乐趣了。只有在现有活动内容基础上，根据老年人的不同兴趣为老年人设计更多娱乐形式，才能使老年人感觉到居住在互助幸福院是有别于居住在各自家中的。

（二）帮助老年人通过力所能及的劳动体现自我价值

在丰富娱乐活动的基础上，河北省肥乡县有些互助幸福院增加了具有一定社会意义和经济价值的内容，如老虎鞋缝制，坐垫编织，十字绣，剪纸。当地乡镇政府相关部门帮助互助幸福院老年人为其制作的手工制品注册商标、打造品牌，并通过媒体平台、电商平台提供包装、展示、销售等全方位服务，使互助幸福院老年人在老有

---

① 老婆牌是一种类似于麻将的纸牌，牌面数字有几饼几万等，一般是三到五人，形状比普通扑克牌要细长一些，娱乐人群一般是60岁以上老年人。

② 洋牌就是现在普通的扑克牌。

所养的基础上，实现老有所为。这些活动可以为老年人增加一定的经济收入，让老年人觉得自己的老年生活很有价值，自己的劳作很有成就感。

（三）让老年人通过与青少年相处丰富精神文化生活

在日益加剧的人口老龄化现实面前，国外逐渐兴起了一种崭新的老少混住模式，旨在让老人们保持与社会的联系，消除孤独感，给老人们带来更多的关爱，也让年轻一代更加懂得去和老年人相处。城市中的年轻人可以居住在养老院或者老年人家里，年轻人每月为老年人提供 20—30 小时的陪伴可以免交住宿费，年轻人陪伴老年人散步、健身、购物、聊天，教老年人们绘画、学习电脑和智能手机的使用，讲故事、唱歌，给老年人带来新鲜感和乐趣。某些国外养老机构大胆地尝试在养老院内开设"代际学习中心"，即在养老院内开设婴幼儿看护中心；2015 年美国俄克拉荷马州地区实行"Enid′s Program"（伊妮德计划），将学前班设置在疗养院，既可以提高孩子的教育水平，又可以提高老年人的生活乐趣。① 俄克拉荷马州有 500 家养老院推广了这种模式。代际学习中心一周开放 5 天，孩子们在养老机构工作人员的组织下，和老人们一起参加音乐、绘画、舞蹈、讲故事等各种活动。通过参加代际学习活动，能够促进老年人的身心健康，增进代际之间的理解和尊重，体现老年人存在的社会价值。农村社区与城市社区不同，农村年轻人没有住宿的需求，和老年人同住的项目不适合农村社区，但代际学习模式可以借鉴到农村社区。互助幸福院没有专门的工作人员，受老年人身体状况所限，不可能

---

① 参见王春燕、霍玉文：《代际学习：促进老年人积极老龄化的重要途径》，《河北大学成人教育学院学报》2017 年第 9 期。

组织老年人和婴幼儿代际活动。然而在农村还有相当一部分少年儿童，由于少年儿童的父母大都务工，一天 8 小时或者更长的时间处于没有父母陪伴的状态，尤其是小学生放学之后的几个小时没有父母的陪伴和管教，一些孩子就会到游戏厅或网吧里去玩，这不仅在经济上给家庭造成一定程度的负担，最重要的是少年儿童沉迷于网络游戏会影响他们的学习，甚至会给少年儿童的心理造成一定的伤害。如果能让少年儿童到互助幸福院度过他们的课余时间，不仅解除了少年儿童父母没有时间接孩子回家的后顾之忧，而且给互助幸福院中的老年人的生活增添了新的内容，在陪伴少年儿童的过程中还体现了老年人的价值。建议学校、家长和互助幸福院之间通过协议的形式把这种陪伴作为一种制度固定下来，为少年儿童能够把更多的精力投入到学习中，减少来自网络的负面影响。同时让少年儿童在学习之余陪伴老年人，通过与老年人聊天、给老年人讲故事、和老年人做游戏等给老年人带来快乐。这种相互陪伴不仅可以消除孩子父母的后顾之忧，老人们也能从中获得快乐。

二、引入社会组织和农村专业社会工作

与城市相比，国家对农村老年人社会福利和公共服务的投入相对不足，不仅缺乏养老院、养老公寓、社区日照中心等硬件设施，服务照料以及社区康复项目等基本服务也几乎处于空白状态。从西方发达国家的经验来看，在传统家庭养老功能外移之后，需要复兴社区邻里互助功能，并且通过种种手段尝试重建社区邻里关系，即通过社区增能（empowerment）来弥补社会转型所带来的家庭功能弱化和社区关系解组问题。我国当前所提倡的在基层建立"服务型"党组织，创新社区治理、增强社区民主协商等举措，事实上也是基

于这样一种目标导向。邻里支持的重要性已在众多的研究中得到证实，而如何有效激发社区成员守望相助的行为，尝试在社区建立互助养老组织，培育农村社区志愿者等工作，都有赖于社区非正式支持力量的建设。国内外经验中，社会组织和社会工作介入是应对农村空巢老人问题行之有效的方式，已经在许多地区得到了不同程度的实践和推广。

从对河北省空巢老人养老现状和需求的调查来看，农村空巢老人养老应该走"抱团养老"的道路，而实现这一目标的关键是如何搭建一个"抱团养老"的平台。因此，结合河北省肥乡县建设"互助幸福院"的经验，笔者提出了"一二三四"的社会工作介入农村空巢老人服务模式。

（一）建立一个中心

建立社区养老服务中心，或者以农村互助幸福院为基础，打造一个重点立足本社区、辐射其他村庄的"养老服务中心"，其功能设计主要包括：①互助养老。这是专门为空巢老人尤其是独居老人设计的"抱团养老"的功能，以满足与子女分居但又具备生活自理能力、不愿意进住养老院或者没有能力进养老院的空巢老人的养老需求。②失能半失能老人护理和康复。建立时间银行，让低龄老人或年轻人通过向失能半失能老人提供服务，以服务他人的时间换取日后自己获得服务的机会。不仅满足有自理能力的老年人入住养老服务中心的需要，也让那些半自理能力的农村空巢老人能够入住养老服务中心，扩大服务对象。③提供文体娱乐活动，成立各种老年文体娱乐队伍，使活动的开展做到组织化和制度化。④提供老年社会工作专业服务。引入专职或兼职社会工作专业人员，为老年人开展困难救助、心理和情绪辅导、日常生活能力提升和修复家庭关系等多种服务。

（二）依托二类专业人员

调查显示，满足农村空巢老人养老需求，系统解决该群体的养老问题，关键需要两类专业人员的支持：① 医护人员。空巢老人在离家不离村的前提下，能够在专业医护人员介入下及时得到大病筛查、日常理疗保健和健康护理，并能够获得有关健康和养生知识的辅导。② 社会工作者。社会工作者秉持助人自助的理念，有效整合各类资源，承接政府购买服务，对中心各项目进行系统运营管理，为老年人提供有针对性的各种专业服务，提升农村社区整体服务能力，并最终实现服务中心的自我管理、自我运营。

（三）寻求三方合作

这里所说的三方合作即政府、社会力量（基金会/各类社会服务组织）和社区三方合作，各司其职、优势互补，形成一种以项目为基础的伙伴关系。可以通过官助民营、官办民营，也可以通过其他资金和管理的合作方式，但最终形式是以项目合作或者政府购买服务，或者基金投资的方式，实现社区居家养老服务中心承载的互助养老功能、失能半失能老人护理和康复功能、提供文体娱乐活动功能、提供老年社会工作专业服务功能。

（四）构建"四社联动"

这里的"四社联动"指的是农村社区居家养老服务中心的运行机制，即以农村社区为平台，社会组织、社会工作专业力量和社区志愿者形成一种互动整合的工作模式，可以由基金会筹集资金或直接注入资金，也可以通过政府购买服务，委托专业社工机构运营社区居家养老服务中心，由专业社工机构组织专业社工采取一系列的专业服务来链接各种社会资源，开展社区营造，激活社区自身的志愿服务力量，以"四社联动"来重建社区服务功能，恢复和强化社区对农村空巢老人的系统支持。

任何方案设计都是一种预先的设想,在实际的实施过程中会遇到这样或那样的问题。对可能遇到的问题有所估计并给出相应的应对措施是方案设计能够顺利实施并持续顺利进行的基本保障,方案实施过程中需要关注的问题有三个方面:

其一,资金来源的可持续性问题。各种社会工作为老服务项目都需要一定的资金支持,这些项目资金无论是来自政府,还是来自社会,都是有一定的时间期限的,当项目服务时间到期,资金支持随即停止;即便是在项目服务期限内,由于各种意外的缘由,比如中期评估不合格,资金的支持也会中断。后续的为老服务如果离开资金的支持,将无法持续开展。在解决农村养老服务资金来源,推进农村空巢老人养老实践方面,邢台威县孙家寨"饺子宴"已经走在了前面,该村成立了农业合作社,把村中上千亩土地通过流转形式统一起来规模种植有机莲藕、花生、红薯、小米、小麦等,此外还进行花生油、棉被等农产品深加工,以这种模式带来稳定资金收入,为该村每月两次的"饺子宴"及孝文化建设提供了物质基础。

其二,社会工作人才供给的可持续性问题。发达国家中,社会工作者占总人口的比例一般为2‰—5‰。我国社会工作发展不仅整体上滞后,而且在不同地区的发展是极其不平衡的。按照发达国家社会工作者占总人口的2‰—5‰水平计算,截至2017年底,在我国处于领先地位的上海市有注册社工7 388人,占总人口数的3‰,已经基本达到发达国家水平,但大部分省份距离发达国家水平相差甚远。自2008年在我国全国范围内开展社会工作师、助理社会工作师职业水平考试以来,截至2017年底,全国共有326 610人获得社会工作者职业水平证书，其中社会工作师 83 189 人，助理社会工作师 243 421 人。2017 年全国考试通过社会工作师人数 13 972，通过助理社会工作师人数 25 251 人。如果考虑到绝大部分社会工作者分布在城镇社区开展社会工作专业服务这个现实，农村社会工作者的缺口会更大。和城市相比，由于较差的生活环境，在城市长大的社会工作者不愿意到农村，更不愿意长久地扎根农村，服务农村老年人。在农村长大的社会工作者，虽然适应农村生活，但通过考学终于走出农村到了城市，如果没有足够大的吸引力，他们也不会考虑回到农村。因此，如何吸引社会工作者到农村去，能够在农村开展工作并长期留在农村，成为摆在每一个在农村开展为老服务项目的专业社会工作机构不可回避的难题。问题能否得以解决，一方面取决于在多大程度上满足社会工作机构对社会工作者数量的需求，另一方面要对乡镇本土持证社会工作者进行能力提升训练，可以采取"领航 1 + 1"的形式，在城市专业社会工作者"1 对 1"全程培育督导下，或者按照民政部的"牵手计划"形式，提升他们的服务理念、服务手法和实务能力，以实现在专业社会工作机构撤出后乡镇本土持证社会工作者能够独立开展社会工作为老服务项目，使社区居家养老服务中心能够实现可持续运行。

其三，项目结束后老年人的自我养老问题。在为老服务项目既定的服务目标实现之后，社会工作专业服务活动应该随之结束，以便去帮助更多有需求的其他农村空巢老人。但是，专业社会工作机构撤离之后，养老服务中心能否继续为老年人开展服务，关键在于农村空巢老人的各种自组织能否建立起来并发挥作用。这些老年自组织包括老年协会以及老年协会下属的各种文体活动兴趣小组和社区志愿组织等，老年服务中心或者是互助幸福院要通过整合各种社会力量和资源，实现各种文体活动兴趣小组和社区志愿组织的自组织、自治理、自发展，最终帮助农村空巢老人自我解决养老问题。①

三、提升医养结合水平

随着年龄的增加，老年人患病率逐渐提高，互助幸福院提供医疗卫生健康服务是老年人非常关注的一个方面。

（一）做好需求调研

医养结合养老模式是集医疗、康复和服务照料为一体的养老服务模式，其创新之处是突破了传统养老模式中的"医"和"养"分离，为老年人提供及时、准确和全面的养老服务，并最终实现服务照料、医疗康复和精神慰藉一体化的"医"与"养"相结合的养老模式。② 相关调查显示，农村老年人对上门护理、上门看病及康复治疗的需求率分别为22.07%、27.49%和19.74%，比城市老年人的需求还要强烈，分别是城市老年人（11.14%，12.89%，10.60%）的2倍左右。从老年人的使用情况来看，他们对这些服务的总体使用率偏低，农村老年人对上门护理与上门看病的使用率分别为2.09%和6.01%，康复治疗的使用率为1.34%。对于这三项服务的满意度，农村老年人对上门护理与上门看病的满意比例分别为78.26%和75.08%，对康复治疗的满意比例为63.89%。③ 对河北省肥乡县互

---

① 参见张岭泉、陈熹：《社会工作介入农村空巢老人养老的路径》，《河北大学学报》（哲学社会科学版）2017年第6期。

② 参见汪连杰：《"银发浪潮"背景下全面推行医养结合养老模式问题研究》，《晋阳学刊》2017年第4期。

③ 参见孙鹃娟、冀云：《中国老年人的照料需求评估及照料服务供给探讨》，《河北大学学报》（哲学社会科学版）2017年第5期。

助幸福院调研的结果也反映出老年人对医疗卫生健康服务的强烈需求，老年人对医疗的需求愿望升高，在高龄老年人群中，需求程度高达100.00%。实现医养结合的互助养老模式不仅要增加医疗卫生健康服务的内容，还要关注不同年龄层次的老年人对医疗卫生健康需求的差异。

（二）抓好落实工作

对于各种医疗服务的需求，空巢老人显示出更迫切的需求。河北省肥乡县三类不同标准的互助幸福院在医养结合方面均没有做硬性要求，但在发展规划中有相关的设计。规划提出：整合利用现有农村医疗卫生资源，在每个农村互助幸福院建设"康复小屋"，全面推广"医养结合"模式。村卫生室医生要每天抽出一定时间为入住幸福院的老年人开展诊疗保健服务，即每天通过为幸福院老年人提供"测血压、量体温、问诊、医嘱、建档"等基本医疗服务，及时排查老年人的疾病隐患，有效预防老年疾病，保障老年人身心健康。这个设计虽然美好，但真正落实存在两个问题：一是互助幸福院内老年人数不等，规模较大的有30多人，规模小的有10人左右，按照平均20人计算，一位医生每天为所有的老年人测血压、量体温、问诊、医嘱、建档各一次，会占用医生半天时间，即使医生有足够的时间，医生的报酬由谁来支付？二是老年人不仅仅希望"五个一"① 式的基本医疗服务，有效的医养结合应该包括体检、疾病预防、康复治疗、服务照料、精神慰藉。医疗方面的投入需要有足够的医疗资源，村卫生室医生负责定期的体检、疾病预防知识的介绍，

_____

① 一位医生每年为所有的老年人测血压、量体温、问诊、医嘱、建健康档案各一次。

乡卫生院和县医院负责康复治疗；服务照料可以借助时间银行互助养老模式，由年轻志愿者或者低龄老年人为高龄老年人提供以单位时间计算的服务照料；精神慰藉方面在互助幸福院是最容易实现的，老年人居住在一起本身就是最有力的精神支持，排解了空巢老人和独居老人孤独寂寞的难题，如果把中小学生的为老志愿服务纳入到对空巢老人的服务照料和精神支持中，将使老年人的精神面貌焕然一新，进而形成"村卫生室＋乡卫生院＋时间银行"三位一体的医养结合模式。

四、保证资金支持

资金是互助幸福院建设和运行的基础，不同地区的经济发展水平不同，互助幸福院获得的资金支持的数量和渠道也存在着差别。

（一）多方链接资源

制约互助养老模式的因素是多方面的，主要表现在政府的重视程度、资金的支持力度、干部的积极性。其中政府的重视是根本，资金支持是保障。新建、改扩建的农村互助幸福院以及建成后日常运行中的水、电、取暖等公共费用需要一定的资金支持。互助幸福院的配套设施部分来自社会的捐赠，大部分来自政府的支持。日常的办公经费虽然较少，但必要的投入也需要一个稳定的来源。

一是继续寻求村委会的支持。根据本研究提出的设想，互助幸福院应隶属县级民间组织管理局，其身份地位与所在的村委会是相互独立的。原来的村级主办强调的是村委会的责任，登记注册之后村委会貌似撇清了与互助幸福院的所有关系。但是，举办和管理本村的公共事务和公益事业是村委会的分内责任，互助养老关乎村内空巢老人的养老问题，为了充分发挥村委会在养老服务中的作用，可以让村委会和互助幸福院的主要领导交叉任职，旨在让双方为本村的养老事业一起谋划，共同担当，打造一个发展农村互助养老模式的命运共同体，因此村委会有责任发展壮大农村集体经济，继续为互助幸福院的发展提供必要的资金支持。

二是寻求社会的支持。互助幸福院的资金来源除了依赖村委会的支持外，还要通过各种方式寻求社会支持，如通过有一定影响力的网络平台和媒体举办各种形式的关爱老人的公益活动，唤起社会各界对农村空巢老人的关注，激发人们的利他行为，从而为改变农村空巢老人的生活状况、提高他们的生活质量寻求物质支持、智力支持和服务支持。

根据 2017 年社会捐赠与上年相比，我国的社会捐赠出现了一些新特点，有些方面增加了，但有些方面下降了，从增加和减少的原因分析，互助幸福院未来的捐赠方向应该由物资的募集转向资金和服务的募集。增加的方面有：民政部门间接接收捐赠款数额，2016 年为 58 645.3 万元，2017 年为 103 428.4 万元，增加 76.4%；社会捐赠接收站数，2016 年为 12 899 个，2017 年为 19 293 个，增加 49.6%。减少的方面有：社会捐赠数额，2016 年为 8 343 384.9 万元，2017 年为 7 552 366.4 万元，减少 9.5%；民政部门直接接收捐赠款数额，2016 年为 402 815.1 万元，2017 年为 250 012.5 万元，减少 37.9%；直接捐赠衣服合计 2016 年为 6 638.3 万件，2017 年为 227.5 万件，减少 96.6%；捐赠其他物资价值 2016 年为 73 795 万元，2017 年为 10 734.8 万元，减少 85.5%；间接捐赠衣服合计 2016 年为 488 万件，2017 年为 18.4 万件，减少 96.2%；慈善超市数 2016 年为 8 966 万个，2017 年为 8 969 万个，减少不明显；各类社会组织接收捐赠 2016 年为 7 866 774.8 万元，2017 年为 7 291 619.1 万元，减少7.3%。随着整体社会经济发展水平的提高，贫困由绝对的贫困已经开始向相对的贫困转变，受助者由以往的接受物资，包括衣被，已经向接收捐款转变。2017年许多指标的下降，如各种物资和衣被的减少，其中的原因是多方面的，如果遇到自然灾害，这些物资的捐赠会显著提高，如果只是对贫困人群或弱势人群的捐赠则数值在减少，这显示出接受捐赠的类别发生了改变。① 下面是一个通过链接地缘关系资源，为家乡贫困儿童、老年人等开展的募捐活动案例。

共青团贵州省委在2004年组织创办了一项大型生活公益活动——春晖行动，这项活动的灵感来源于唐代诗人孟郊《游子吟》的感人意境，其主旨为"弘扬中华文明，反哺故土亲人"，通过网络平台大力宣扬"亲情、乡情、友情"，激起群众对于故乡的思念情怀，从而使大批在外民众在这种情怀的感召下回到故乡，为家乡社会和谐进步、经济文化的发展贡献自己的一份力量。先后开始实施的反哺家乡的宣传行动包括："温暖贫困母亲""春晖映晚晴""春晖助学""春晖感恩教育"等系列主题活动。2007年4月，经贵州省编制委员会办公室批准，内设事业发展部、宣传部、项目部、办公室4个部（室）的贵州省春晖行动发展中心正式成立，其机构性质为团贵州省委所属正县级事业单位，主要职责有以下几点：负责组织、动员社会各界人士回乡开展捐资助学、扶贫帮困、敬老爱幼等工作；承担相关对外交流与合作；负责将春晖行动向海内外各界人士宣传，并组织开展募捐活动等。2010年8月，CNTV–春晖行动网络公益捐助平台正式启动。自此，春晖行动走入网络公益时代，并且通过和

---

① 中华人民共和国民政部：《中国民政统计年鉴2018》，中国社会出版社2018年版，第280页。

支付宝、壹基金、中国共青团、多家网络宣传媒体和平台进行合作，得到了前所未有的发展，该项目已经惠及全国各地省市多个救助领域。

（二）壮大农村集体经济

调研发现，由于各村集体经济水平参差不齐，有些村庄既没有集体经济，也没有私营企业，村委会对互助幸福院的经济投入也就无从谈起。有的集体经济水平较高，私营企业数量多的村庄为老人提供了宽敞舒适的生活空间，承担了老年人所有的饮食费用，老年人可以到指定的商店免费领取所需食物，充分享受到大家庭的温暖，生活在幸福快乐中。老年人的快乐幸福生活具有传递性，看到老年人晚年的幸福生活，年轻人对未来充满了信心，生活得更加踏实。为此，在强调政府的大力支持的同时，要充分调动村集体的力量，振兴集体经济，为互助幸福院的投入打下坚实的物质基础。

如何发展壮大集体经济，为互助养老投入足够的物质支持，是村委会和互助幸福院共同面对的课题。从河北省邢台市孙家寨的案例中可以得到壮大农村集体经济的启示有三点：一是成立农村合作社。通过农村合作社发展集体经济，为农村公共事业积累资金。二是增加产品的附加值。通过农产品的深加工或者提升农产品的品牌价值，增加农业生产的效益。三是以社养老。把合作社的部分收益投入到为老服务中。

五、完善农村互助幸福院的时间银行制度建设

农村空巢养老中的三大支持包括：物质支持、精神支持和服务支持。在大量农村青壮年进城务工的背景下，空巢老人获得服务支持的难度要大于物质支持和精神支持。子女外出务工的主要目的是为了在城市获得更高的收入，可以为抚养子女和赡养老人提供更有

力的物质保障；在精神支持方面，互助幸福院最大的吸引力就是把忍受孤独寂寞的老年人集中在一起相互慰藉，因此，通过互助养老，老年人精神支持的需要得到了一定的满足。然而，当老年人患病时，根据老年人及其子女与互助幸福院的协议，老年人应该由子女接到家中或医院就医，不能继续住在互助幸福院，而空巢老人的子女大多在城镇务工，由子女接走会给子女带来时间和生活照料方面的双重压力。如何破解这一似乎无解难题，关键是就地动员一切可以动员的力量，链接一切可以链接的资源，组织化、制度化地为老年人提供服务照料支持，引入"时间银行"概念。

我国时间银行互助模式始于 1998 年，上海市虹口区提篮桥街道晋阳居委会组织低龄老年人为高龄老年人提供服务，通过时间存折记录服务时间和服务内容，使老年人能够在日后把时间兑换成所需的服务，开创了我国第一家时间银行实践探索。经过几年的实践之后，由于对不同服务缺乏一定的换算标准、宣传不到位等因素致使参与人数不足，无法充分满足高龄老年人的实际需求，在 2003 年居委会换届的同时，该时间银行也被迫停办。[①] 随着我国人口老龄化的加速发展，养老问题受到越来越多的重视，时间银行又重新回到公众的视野中。据学者陈功和黄国桂 2017 年的调查统计，在 2008—2016 年我国至少先后出现了 31 家时间银行。[②]

时间银行作为一种互助养老模式与农村互助幸福院建设的初衷是相互吻合的，不仅可以破解农村空巢老人服务支持的难题，还可

---

① 参见张文超、杨华磊：《我国时间银行互助养老模式的发展》，《南方金融》2019 年第 3 期。

② 参见陈功、黄国桂：《时间银行的本土化发展、实践与创新——兼论积极应对中国人口老龄化之新思路》，《北京大学学报》（哲学社会科学版）2017 年第 5 期。

以在农村社区重塑邻里守望相助的优秀传统文化。通过对国际国内时间银行发展过程的比较分析，互助幸福院时间银行的引入要解决如下几个问题：管理模式问题；服务主体和服务对象问题；服务时间的换算问题；服务内容问题；如何规避可能出现的各种风险问题；可持续性发展问题。

（一）完善时间银行管理模式

管理模式问题涉及管理主体是社区还是社区组织，由谁来制定相关制度，组织相关人员维护时间银行系统正常运转。一种经验是由居委会或村委会作为时间银行的管理主体，由居委会干部负责运营的优势是时间银行作为社区居委会或村委会的附属部门，其工作人员同时也是居委会成员，这在一定程度上方便时间银行在社区里面的推广，但也正是由于这种"兼任"的形式，造成管理缺位。社区工作人员本身就承担着大量的来自上级多个部门的工作，行政事务多，检查评比多，不合理证明多，会议多，台账多，无法全心全意致力于时间银行的进一步发展。鉴于互助幸福院可以在区县一级的民政部门进行备案，有条件的也可以直接登记，具备了独立的法律主体资格，可以与外界进行各种资源的交流，处理各种社会关系，由互助幸福院管理时间银行具有更多的优势：一是充分发挥作为社区组织的能动性，强化互助幸福院的主体责任意识；二是相关制度的设计更符合老年人及其家人的需求；三是使村委会或者上级政府相关部门可以"局外人的身份"给予更为客观的监督指导。

（二）界定服务主体和服务对象

对于服务主体的讨论和实践也有不同的观点，有的人认为：低龄老年人应该作为服务主体，因为这个群体最有可能意识到服务照料的重要性，他们也是潜在的服务对象，而且有比较充裕的时间。

一方面通过为其他老年人服务，为自己日后需要时积累下足够的服务照料资源；从另一方面讲，能够为他人提供服务，也是体现自身价值的一个方面，并且在与他人交流的过程中，自己也消除了寂寞，得到了精神慰藉。另一种观点认为：应该把那些有时间、有经历、有意愿、能够为老年人提供服务照料的志愿者都纳入到服务主体中。这种观点是一种广义的服务主体观点，它的可取之处是在全社会营造一个为老年人服务的氛围，让每一个人认识到，人生的每个阶段不是割裂的，而是相互联系的，老年期不仅仅是老年人独自的经历，通过了解生命历程把人生的每个阶段都与老年期联系起来，从而引导不同年龄的群体树立终身养老的观念。

关于服务对象问题，由于能够提供服务照料的人力资源有限，以往的实践中多是把高龄老人作为服务对象。事实上，有服务照料需求的分布在老年人的每个层次中，如果以 2015 年中国人均预期寿命来看，男性为 73.64 岁，女性为 79.43 岁，平均为 76.34 岁，很多人的寿命没有超过 80 岁，尤其是男性。在人的一生中真正需要服务照料的时间主要集中在晚年的最后几年，随着与死亡时点间隔的缩短，老年人的生活自理能力逐渐下降，而且在临近死亡的两年左右的时间内，生活自理能力出现加速下降态势。[①] 也就是说 76 岁左右的老年人更应该成为服务对象，而不是 80 岁及以上的高龄老人，对于男性老年人来说，70 岁以上的老年人就应该成为服务对象。因此服务对象应该面向所有老年人群体中有需要照顾的个人，而不是仅仅面向 80 岁及以上人群。

---

① 参见张文娟：《中国高龄老年人的生活自理能力变化轨迹及队列差异》，《人口研究》2019 年第 5 期。

（三）科学换算服务时间

如何换算服务时间是一个争议较大的问题。美国学者埃德加·S.卡恩（Edgar S. Cahn）最初使用时间美元这个概念时没有区别服务时间的差异性，志愿者为他人服务多少时间就可以在将来享受相等时间的服务。事实上，相同服务时间付出的劳动是有差别的，如果说没有差别，那么有的志愿者更愿意选择那些容易的工作，如聊天、陪伴购物、娱乐等，而不愿意从事繁重的照顾老年人的工作，如病人护理、清洗厨房、协助老年人洗澡等。一味地强调付出的差别性又会强化服务的功利性，弱化服务的志愿性和利他性，给服务时间的通存通兑造成困难。为了兼顾志愿服务的利他性、志愿性和服务时间的差异性，可以把那些实践中志愿者普遍反映相同时间付出更多劳动强度的工作挑选出来，当服务时间累计到一定小时，给予相应的表彰或奖励。南京市建邺区兆园时间银行制定了会员荣誉评定标准，旨在鼓励志愿者持续地参与到为老服务中。[①] 比照该奖励制度，可以在县级及以下政府层面给予那些从事劳动强度大的志愿者在享受正常的服务时间通存通兑前提下，单独进行奖励，奖励制度参考如下标准：一星级志愿者，服务累计达100小时，并以100小时为基准，村委会给予表彰、家门挂牌，并给予一定的物质奖励；二星级志愿者，服务累计达200小时，乡镇政府给予表彰、家门挂牌，并给予2倍的物质奖励；三星级志愿者，服务累计达600小时，乡镇政府给予表彰、家门挂牌，给予3倍物质奖励；四星级志愿者，服务累计达1 000小时，乡镇政府给予表彰、家门挂牌，

---

① 参见谢贺、李铜山：《论时间银行运行中存在的问题及其对策》，《科教文汇》（上旬刊）2013年第1期。

制作个人宣传册，给予 4 倍物质奖励；五星级志愿者，积累 2 000 小时，县政府授予特别贡献奖，给予物质奖励，并终身优惠获取他人服务。

（四）依法规避可能出现的各种风险

有服务照料需求的老年人通常都是患有某种疾病或患有某几种疾病，无论是陪伴还是生活照料，不仅需要志愿者付出一定的时间、精力，而且在陪伴和照料过程中还会遇到老年人跌倒、磕碰甚至突发疾病等的危险。

根据学者周云等的整理分析，老年人的自报患病率比例由高到低排序为：高血压 29.3%，关节炎或者风湿或类风湿 19.5%，心脏病 13.7%，白内障 13.5%，支气管炎/肺气肿/哮喘病/肺炎 12.8%，中风及脑血管疾病 8.4%，胃肠溃疡 5.3%，糖尿病 4.7%，胆囊炎或胆石症 4.2%，血脂异常 3.8%，痴呆 3.7%，青光眼 2.1%，肺结核 1.2%，癌症 1.0%，慢性肾炎 1.0%，帕金森氏病 0.9%，褥疮 0.8%，肝炎 0.6%，癫痫 0.3%。如果按照疾病分类情况看，神经系统 3.9%，眼疾 14.6%，心脑血管 38.8%，呼吸系统 13.4,%，消化系统 9.1%，运动器官 19.5%，内分泌 7.6%。[①] 按照疾病种类统计，高血压、关节炎或者风湿或类风湿、心脏病的自报患病率是所有疾病种类中最高的三类，按照疾病类别统计，心脑血管、运动器官、呼吸系统疾病的自报率是所有疾病类别中最高的三类。在这些疾病中，因高血压、心脏病导致猝死的几率较高，如果发现不及时或者发现后处理不当，患者可在 1 小时内自然死亡。该疾病属于心血管

---

① 参见周云等：《老年人晚年照料需求强度的实证研究》，《人口与经济》2015 年第 1 期。

疾病中比较严重的疾病之一，是一种难以预防的突发性疾病。[①] 眼疾引起的老年人跌倒发生率是视力正常者跌倒的 1.403 倍。[②]

志愿服务过程中如果发生上述因疾病或者其他因素引发的事故，会给志愿者和被照顾者造成心理压力甚至产生责任纠纷，使后续的志愿者面对患有上述疾病的老年人望而却步，不情愿甚至拒绝为患有疾病的老年人提供服务。如何消除志愿者为患病老年人服务的后顾之忧？一方面要提高志愿者的服务水平，对志愿者进行专门的老年服务知识技能培训，减少服务过程中因技术问题引发的风险；另一方面，老年人家庭和社区要为老年人创造一个安全的生活环境，如做防滑地面、平整地面，设无障碍通道、扶手、紧急呼叫系统，给老年人配备或让老年人随身携带紧急救助药品。更重要的是通过商业保险为那些服务老年人的志愿者和老年人提供安全保障，保险不仅仅是为了风险发生后对被照顾者的补偿，同时也是为那些服务老年人的志愿者提供了经济保障。因为时间银行中绝大部分的志愿者是低龄老年人，他们同样面临一定疾病带来的风险。商业保险一方面保障的是疾病突发带来的经济损失，更重要的保障是保护了志愿者服务的积极性，使时间银行这种养老模式能够在为老服务中实现可持续发展。针对志愿者在提供服务的过程中有可能给被服务老年人造成损害的问题，有学者认为应该首先从完善法律制度方面明确志愿者侵权责任承担上入手。如果相关证据表明志愿者是依照志愿

---

① 参见李仁富：《老年心脏性猝死的临床分析》，《中西医结合心血管病电子杂志》2016 年第 4 期。

② 参见 M. K. Karlsson, H. Magnusson, T. Von Schewelov, et al. , " Prevention of-falls in the elderly – a review", *Osteoporosis International*, Vol. 3, No. 24（April 2013）, pp. 747 – 762。

者组织的安排提供服务，无论因为故意或者过失给他人造成损害的，志愿者组织应当先行负担赔偿责任；如果志愿者存在故意或者重大过失的情形，志愿者组织可以对其进行追加赔偿。另一方面可以通过侵权责任的免除，来减轻这些无偿提供服务的志愿者的责任负担，从而使冲突的各利益方得到平衡，对志愿服务发展起到激励和保护作用，从制度上消除志愿服务人员的顾虑。当然，这样的责任豁免制度需严格依照法定的程序和条件执行，需要确定的方面包括：一是志愿者的行为是依照志愿服务组织的安排和要求进行的；二是志愿者已经获得必要的注册、培训或志愿者组织的认可；三是志愿者本身存在主观非故意或无严重过失。① 这种观点的积极意义是给志愿者更大的勇气参与到为老服务中来。但是严格意义上讲，时间银行中通过服务换服务的志愿者群体所从事的志愿活动并不完全是无偿服务，如果豁免志愿者的责任，会给志愿服务组织带来压力，进而瓦解了为老服务的组织基础。相比较而言，通过商业保险化解服务中发生的风险能够以较小的投入，更大地保护服务双方和服务组织的利益。

（五）实现可持续性发展

时间银行在我国的发展经历了萌芽期、曲折期和快速发展期，在实践过程中，之所以经历曲折，有些时间银行甚至不得不停办，原因是多方面的。其中针对不同服务时间缺乏统一的等量换算标准以及宣传不到位导致参与人数不足是两个主要原因，除此之外，信任度、物质基础、零风险程度也是影响该互助模式持续健康发展的原因。

———————

① 参见鲍晓晔：《我国志愿者权益保护立法研究》，《湖北社会科学》2012 年第 6 期。

宣传不到位实质上是知晓度的问题，时间银行这种互助养老模式在国际上的发展历史表明了其存在的合理成分。许多潜在的参与者之所以抱观望态度的原因之一是因为他们还没有意识到养老问题的严重性，事实上，我国的养老问题体现在不同的年龄层次上，人们的认知是有差异的。对于出生在20世纪40年代及以前的老年人来说，他们中的大多数人不存在子女服务照料的问题。那一代人没有经历计划生育时期，他们的子女数平均为4个左右，多子女成为他们享受来自子女养老服务支持的资本，对互助养老的时间银行没有很深的参与度，但是，在那个年龄段中，空巢家庭的老年人应该是参与时间银行的潜在对象。另一个对时间银行概念比较淡薄的群体是40岁及以下的年轻人，他们距离步入老年人行列还有相当一段时间，尚未感受到老年期将要面临的各种焦虑，另外他们享受到了放开二胎的政策，一定程度上可以缓解养老服务照料的恐慌。真正能够成为时间银行有力的支持者和积极的参与者是40多岁到70岁以下年龄段的人群，也就是说这个人群恰恰是严格执行了计划生育政策，而且刚刚步入或将要步入老年行列的人群。对于这些真正潜在的志愿者队伍应该加大宣传的力度，让更多的人认识到时间银行这种互助养老形式的存在及其在养老支持中发挥的积极作用。在这个信息时代，众多的信息传播渠道使宣传已经不是个难题，关键在于是否有人去传播，由谁去传播，通过什么方式，传播效果如何。

关于时间银行的可持续发展，一个关键问题是要有严格的制度解决时间换算问题、通存通兑问题、自愿转让等问题。时间换算问题已在前面阐述，下面着重讨论通存通兑问题。南京市建邺区等地的许多时间记录使用的是纸质记录方式，尤其是在农村社区，受限于教育水平，许多志愿者不能够熟练掌握信息技术，甚至不会使用电脑，致使纸质记录的信息存在遗失和不能够长期保存的风险，当志愿者离开驻地到其他地区生活时，以前积累起来的服务时间如何在异地消费，这个问题也是导致许多时间银行不能可持续发展的一个因素。一些老年人已经在一个熟悉的环境生活了多年，即使是处于空巢或独居状态，也不愿意离开故土到城市生活，纸质记录和电子记录对他们未来消费服务不会产生太大的影响。对于那些还没有进入老龄行列的中年人来说，他们的未来还有很多的未知，如何保证他们多年后能享受到等值的消费是提高时间银行信任度必须考虑的问题。

时间银行可持续发展中的另一个问题是物质基础。严格地讲，储存服务时间以备将来之需并不是志愿服务，但是为了扩大服务提供者的规模，应该鼓励不计报酬的志愿性服务。有些大学为了培养学生的奉献、友爱、助人、互助、进步的精神，弘扬"乐施""行善"等中国传统美德，把大学生志愿活动制度化，作为学生学习内容不可或缺的部分，为了鼓励学生的志愿活动，学校把志愿活动作为评奖评优的条件。2015年，教育部要求地方教育部门应制定各级各类学校学生志愿服务工作综合考评办法，每年定期组织进行检查考核，并且纳入未成年人思想道德建设工作评估体系。① 除了大学生之外，越来越多的中小学生已经加入到志愿者队伍中。众多的志愿者在服务过程中是不计报酬的，或者说是不以计算报酬为主要目的的，但是志愿活动的开展离不开必要的物质基础，如宣传费用、交通费用、商业保险等等。离开了这些物质支持，志愿者或者服务提

---

① 教育部：《学生志愿服务管理暂行办法》，2015年3月16日，见http://www.gov.cn/gongbao/content/2015/content_2878239.htm。

供者的积极性会受到不同程度的抑制，因此时间银行的组织者可以尝试从政府、企业、慈善组织等中寻求物质支持，保障各项活动的顺利开展。无论是哪个层次的学生志愿者，在为老服务的志愿活动中都存在流于表面形式的现象，解决这一难题的对策，除了对学生进行综合考评之外，给予学生一定的物质支持，不仅仅是使学生提供为老服务活动成为可能，而且还可以为学生进行较长时间的实际照顾提供物质保障。

参考文献

著作

陈功著：《我国养老方式研究》，北京大学出版社 2003 年版。

陈涛编著：《老年社会学》，中国社会出版社 2008 年版。

狄金华、钟涨宝著：《变迁中的乡村养老》，中国社会科学出版社 2016 年版。

费孝通著：《乡土中国生育制度》，北京大学出版社 1988 年版。

费孝通著：《江村经济——中国农民的生活》，商务印书馆 2002 年版。

李迎生著：《社会保障与社会结构转型》，中国人民大学出版社 2000 年版。

刘少杰主编：《国外社会学理论》，高等教育出版社 2006 年版。

穆光宗著：《家庭养老制度的传统与变革》，华龄出版社 2002 年版。

宋健著：《中国农村人口的收入与养老》，中国人民大学出版社 2006 年版。

苏振芳主编：《人口老龄化与养老模式》，社会科学文献出版社 2014 年版。

谭克俭著：《农村养老保障体系构建研究》，中国社会出版社 2009 年版。

王慧炯著：《社会系统工程方法论》，中国发展出版社 2015 年版。

王萍、李树茁著：《农村家庭养老的变迁和老年人的健康》，北京社会科学文献出版社 2011 年版。

邬沧萍主编：《社会老年学》，中国人民大学出版社 1999 年版。

杨翠迎著：《中国农村社会保障制度研究》，中国农业出版社 2003 年版。

姚远著：《中国家庭养老研究》，中国人口出版社 2001 年版。

郑功成主编：《社会保障学》，商务印书馆 2000 年版。

钟涨宝著：《中国农村社会养老保障问题研究》，中国社会科学出版社 2017 年版。

周绍斌著：《农村人口老龄化与老年保障研究》，中国人口出版社 2003 年版。

中文期刊

安瑞霞著：《中国农村老年人养老责任认知的影响因素分析》，《调研世界》2018 年第 9 期。

安增龙、罗剑朝著：《现阶段我国农村养老保险的需求和供给分析》，《经济与管理研究》2004 年第 5 期。

班晓娜、宋璐璐著：《农村居民养老方式选择的影响因素分析——以辽宁部分地区为例》，《北京航空航天大学学报》（社会科学版）2017 年第 5 期。

包春全、陈兴荣、龚浙豫著：《农村居家养老服务照料中心如何走出运行困境——浙江龙游模式的实践与思考》，《中国社会工作》2017 年第 11 期。

蔡婷婷、曹梅娟著：《国内外时间银行下的互助养老模式研究现状》，《护理学杂志》2016 年第 10 期。

柴效武著：《养老资源探析》，《人口学刊》2005 年第 2 期。

陈柏峰著：《代际关系变动与老年人自杀——对湖北京山农村的实证研究》，《社会学研究》2009 年第 4 期。

陈东、张郁杨著：《不同养老模式对我国农村老年群体幸福感的影响分析》，《农业技术经济》2015 年第 4 期。

陈功、杜鹏、陈谊著：《关于养老"时间储蓄"的问题与思考》，《人口与经济》2001 年第 6 期。

陈雅静等著：《杭州农村家庭养老对老年人健康的影响》，《中国老年学杂志》2019 年第 2 期。

陈银娥、王亚柯著：《内敛型养老模式》，《江汉论坛》2002 年第 11 期。

陈友华、施旖旎著：《时间银行：缘起、问题与前景》，《人文杂志》2015 年第 12 期。

程令国、张晔、刘志彪著：《"新农保"改变了中国农村居民的养老模式吗?》，《经济研究》2013 年第 8 期。

程新峰、姜全保著：《隔代照料与老年人年龄认同：子女代际支持的中介效应》，《人口学刊》2019 年第 3 期。

慈勤英著：《家庭养老：农村养老不可能完成的任务》，《武汉大学学报》（人文科学版）2016 年第 2 期。

丁志宏著：《我国老人异地养老意愿的实证研究》，《兰州学刊》2012 年第 6 期。

丁志宏著：《我国农村中年独生子女父母养老意愿研究》，《人口研究》2014 年第 4 期。

杜凤莲著：《家庭结构、儿童看护与女性劳动参与：来自中国非农村的证据》，《世界经济文汇》2008 年第 2 期。

杜凤莲、董晓媛著：《转轨期女性劳动参与和学前教育选择的经验研究：以中国城镇为例》，《世界经济》2010年第2期。

杜鹏著：《中国农村养老服务现状与发展方向》，《中国社会工作》2018年第26期。

杜鹏、安瑞霞著：《政府治理与村民自治下的中国农村互助养老》，《中国农业大学学报》（社会科学版）2019年第3期。

杜鹏、王永梅著：《乡村振兴战略背景下农村养老服务体系建设的机遇、挑战及应对》，《河北学刊》2019年第4期。

范成杰著：《代际关系的下位运行及其对农村家庭养老影响》，《华中农业大学学报》（社会科学版）2013年第1期。

范红丽、陈璐著：《替代效应还是收入效应？——家庭老年照料对女性劳动参与率的影响》，《人口与经济》2015年第1期。

方静文著：《从互助行为到互助养老》，《中南民族大学学报》（人文社会科学版）2016年第5期。

封铁英、罗天恒著：《农村社会养老保险的长寿风险评估与应对策略》，《西安交通大学学报》（社会科学版）2017年第3期。

符平、唐有财著：《倒"U"型轨迹与新生代农民工的社会流动——新生代农民工的流动史研究》，《浙江社会科学》2009年第12期。

高辰著：《互助养老模式的经济社会条件及效果分析——以河北肥乡为例》，《河北学刊》2015年第3期。

辜胜阻、方浪、曹冬梅著：《发展养老服务业应对人口老龄化的战略思考》，《经济纵横》2015年第9期。

顾永红著：《农村老年人养老模式选择意愿的影响因素分析》，《华中师范大学学报》（人文社会科学版）2014年第3期。

谷玉良著：《农村人口外流与农村养老困境》，《华南农业大学学报》（社会科学版）2018年第1期。

郭德君著：《西部农村地区留守老人养老问题》，《中国老年学杂志》2016年第17期。

韩央迪、李迎生著：《中国农民福利：供给模式、实现机制与政策展望》，《中国农村观察》2014年第5期。

韩振秋著：《浅析农村养老新模式——"互助养老"的特点》，《理论导刊》2013年第11期。

胡芳肖、李蒙娜、张迪著：《农村老年人养老服务方式需求意愿及影响因素研究——以陕西省为例》，《西安交通大学学报》（社会科学版）2016年第4期。

黄闯著：《农村老人自我养老保障的现实困境与优化路径》，《探索》2015年第2期。

黄国桂、杜鹏、陈功著：《隔代照料对于中国老年人健康的影响探析》，《人口与发展》2016年第6期。

黄健元、杨阳著：《社会救助视角下农村家庭养老服务津贴政策构想》，《西北人口》2016 年第 4 期。

黄俊辉、李放著：《农村养老保障政策的绩效考察——基于 27 个省域的宏观数据》，《人口学刊》2013 年第 1 期。

黄乾著：《农村养老资源供给变化及其政策含义》，《人口与经济》2006 年第 6 期。

黄锐、必勒格著：《民族地区农村空巢老人养老服务问题及对策研究》，《中央民族大学学报》（哲学社会科学版）2017 年第 2 期。

黄少宽、吴倩茹著：《场域—惯习理论视角下的养老服务时间储蓄制度——对广州市越秀区试点社区的实证分析》，《社会工作》2012 年第 4 期。

贺聪志、叶敬忠著：《农村劳动力外出务工对留守老人生活照料的影响研究》，《农业经济问题》2010 年第 3 期。

贺雪峰著：《农村家庭代际关系的变动及其影响》，《江海学刊》2008 年第 4 期。

贺雪峰著：《农村代际关系论：兼论代际关系的价值基础》，《社会科学研究》2009 年第 5 期。

贺雪峰著：《如何应对农村老龄化——关于建立农村互助养老的设想》，《中国农业大学学报》（社会科学版）2019 年第 3 期。

蒋军成著：《农村养老保障的制度演进与发展趋势探析》，《云南民族大学学报》（哲学社会科学版）2017 年第 2 期。

焦娜著：《社会养老保险会改变我国农村家庭的代际支持吗？》，《人口研究》2016 年第 4 期。

李超著：《农村养老服务供给现状、问题及对策分析——以河北省为例》，《老龄科学研究》2014 年第 4 期。

李芬、风笑天著：《照料"第二个"孙子女？——城市老人的照顾意愿及其影响因素研究》，《人口与发展》2016 年第 4 期。

李汉才著：《中国农村养老保障制度的历史沿革及发展特征》，《河北大学学报》（哲学社会科学版）2014 年第 3 期。

李捷枚著：《20 世纪 50 年代中国农村养老保障模式变革》，《华中师范大学学报》（人文社会科学版）2016 年第 2 期。

李俏、陈健著：《农村自我养老的研究进路与类型诠释：一个文献综述》，《华中农业大学学报》（社会科学版）2017 年第 1 期。

李俏、陈健著：《变动中的养老空间与社会边界——基于农村养老方式转换的考察》，《中国农业大学学报》（社会科学版）2017 年第 2 期。

李俏、郭凯凯、蔡永民著：《农村养老供给侧改革的结构生态与可能路径》，《广西社会科学》2016 年第 7 期。

李俏、李久维著：《回归自主与放权社会：中国农村养老治理实践》，《中国农业大学学报》（社会科学版）2016 年第 3 期。

李俏、刘培、顾昱著：《农村多元养老模式的现实解读：区域比较的视角》，《西北人口》2014 年第 1 期。

李文琴著：《中国农村留守老人精神需求的困境与化解》，《思想战线》2014 年第 1 期。

李想、黄德林、蒋德常著：《我国农村养老保障制度的模式探究》，《湖南社会科学》2014 年第 3 期。

李兆友、郑吉友著：《农村社区居家养老服务需求强度的实证分析——基于辽宁省 S 镇农村老年人的问卷调查》，《社会保障研究》2016 年第 5 期。

李兆友、郑吉友著：《我国农村社区居家养老服务协同供给探析》，《东北大学学报》（社会科学版）2016 年第 6 期。

梁磊、郭凤英著：《基于"时间银行"养老平台模式体系研究及实践》，《新疆社会科学》2016 年第 3 期。

凌文豪著：《从一元到多元：中国农村养老模式的变迁逻辑》，《社会主义研究》2011 年第 6 期。

刘柏惠著：《我国家庭中子女照料老人的机会成本——基于家庭动态调查数据的分析》，《人口学刊》2014 年第 5 期。

刘春梅、李录堂著：《农村养老资源供给模式优化及运行》，《西北农林科技大学学报》（社会科学版）2015 年第 1 期。

刘庚常、彭彦、孙奎立著：《我国老年人口社会分层初探》，《西北人口》2008 年第 1 期。

刘军伟著：《基于理性选择理论的农民工参加新型农村养老保险制度影响因素研究》，《浙江社会科学》2011 年第 4 期。

刘岚、董晓媛、陈功、郑晓瑛著：《照料父母对我国农村已婚妇女劳动时间分配的影响》，《世界经济文汇》2010 年第 5 期。

刘妮娜著：《互助与合作：中国农村互助型社会养老模式研究》，《人口研究》2017 年第 4 期。

刘妮娜著：《中国农村互助型社会养老的类型与运行机制探析》，《人口研究》2019 年第 2 期。

刘亚娜著：《社区视角下老漂族社会融入困境及对策——基于北京社区"北漂老人"的质性研究》，《社会保障研究》2016 年第 4 期。

刘燕舞著：《农村家庭养老之殇——农村老年人自杀的视角》，《武汉大学学报》（人文科学版）2016 年第 4 期。

刘艺、范世明著：《公共产品理论指引下构建农村养老服务供给主体支持体系研究——基于不平衡不充分的视角》，《湖南社会科学》2018 年第 3 期。

卢海阳、钱文荣著：《子女外出务工对农村留守老人生活的影响研究》，《农业经济问题》2014 年第 6 期。

鲁可荣、金菁著：《农村居家养老何以可行及可持续——基于浙江"金东模式"的实证分析》，《中国农业大学学报》（社会科学版）2015 年第 6 期。

路建英著：《全国政协常委会委员连介德：农村养老服务滞后问题亟待解决》，《中国社会工作》2019 年第 8 期。

陆杰华、张莉著：《全面建成小康社会进程中农村老年人的养老风险探究——基于新时代我国社会主要矛盾转型视角》，《华中科技大学学报》（社会科学版）2018 年第 1 期。

吕雪枫、于长永、游欣蓓著：《农村老年人的机构养老意愿及其影响因素分析——基于全国 12 个省份 36 个县 1218 位农村老年人的调查数据》，《中国农村观察》2018 年第 4 期。

马从明著：《少数民族地区农村老年人养老问题探讨——来自云南省宁蒗彝族自治县的实证研究》，《老龄科学研究》2016 年第 10 期。

马丽萍著：《政府、家庭、社会共建"养老共同体"让 1600 万农村留守老年人安享幸福晚年》，《中国社会工作》2018 年第 8 期。

马良灿著：《农村社区内生性组织及其"内卷化"问题探究》，《中国农村观察》2012 年第 6 期。

马焱、李龙著：《照料老年父母对城镇已婚中青年女性就业的影响》，《人口与经济》2014 年第 2 期。

穆光宗著：《老龄人口的精神赡养问题》，《中国人民大学学报》2004 年第 4 期。

穆怀中、陈曦著：《人口老龄化背景下农村家庭子女养老向社会养老转变路径及过程研究》，《中国软科学》2012 年第 12 期。

穆怀中、沈毅、陈曦著：《农村养老保险综合替代率及其结构分析》，《人口与发展》2013 年第 6 期。

穆怀中、沈毅、樊林昕、施阳著：《农村养老保险适度水平及对提高社会保障水平分层贡献研究》，《人口研究》2013 年第 3 期。

聂洪辉著：《返乡购房：新生代农民工城市融入的调查分析》，《桂海论丛》2014 年第 4 期。

聂建亮著：《保障依赖、养老阶段与农村老人转出农地意愿——基于对湖北省农村老人的问卷调查》，《南京农业大学学报》（社会科学版）2018 年第 1 期。

聂建亮、钟涨宝著：《新型农村社会养老保险推进的基层路径——基于嵌入性视角》，《华中农业大学学报》（社会科学版）2014 年第 1 期。

宁满秀著：《谁从"家庭捆绑"式的新型农村社会养老保险制度中获益？——来自CHARLS 数据的经验分析》，《中国农村经济》2015 年第 7 期。

牛楠、王娜著：《转型期子女数量与人力资本积累对农村养老影响实证研究——以安徽和四川为例》，《中国农业大学学报》（社会科学版）2014 年第 4 期。

任杰慧著：《把"无缘"变"有缘"：中国农村养老模式研究》，《西南民族大学学报》（人文社科版）2018 年第 7 期。

沈菊著：《空心化背景下农村养老困境与完善路径》，《中国老年学杂志》2018 年第7 期。

沈可、章元、鄢萍著：《中国女性劳动参与率下降的新解释：家庭结构变迁的视角》，《人口研究》2012 年第 5 期。

石人炳著：《我国农村老年照料问题及对策建议》，《人口学刊》2002 年第 1 期。

石智雷著：《多子未必多福——生育决策、家庭养老与农村老年人生活质量》，《社会学研究》2015 年第 5 期。

史薇著：《城市老年人养老"时间储蓄"的实证研究——老年社会参与的视角》，《南方人口》2014 年第 5 期。

宋健著：《普遍二孩生育对妇女就业的影响及政策建议》，《人口与计划生育》2016 年第 1 期。

宋璐、李亮、李树苗著：《照料孙子女对农村老年人认知功能的影响》，《社会学研究》2013 年第 6 期。

宋月萍著：《中国女性主义经济学的本土化：必要性及路径》，《妇女研究论丛》2016 年第 4 期。

舒奋著：《从家庭养老到社会养老：新中国 70 年农村养老方式变迁》，《浙江社会科学》2019 年第 6 期。

苏保忠、张正河、林万龙著：《中国古代养老制度及其对农村养老的启示》，《当代经济》2008 年第 11 期。

苏群、彭斌霞、陈杰著：《我国失能老人长期照料现状及影响因素》，《人口经济》2015 年第 4 期。

孙鹃娟著：《中国城乡老年人的经济收入及代际经济支持》，《人口研究》2017 年第 1 期。

孙鹃娟、张航空著：《中国老年人照顾孙子女的状况及影响因素分析》，《人口与经济》2013 年第 4 期。

孙中锋、吴晨著：《城镇化进程中农村养老供给现状及困境分析——以安徽为例》，《老龄科学研究》2014 年第 3 期。

唐灿、马春华、石金群著：《女儿赡养的伦理与公平——浙东农村家庭代际关系的性别考察》，《社会学研究》2009 年第 6 期。

唐利平、风笑天著：《第一代农村独生子女父母养老意愿实证分析》，《人口学刊》2010 年第 1 期。

田北海、雷华、钟涨宝著：《生活境遇与养老意愿》，《中国农村观察》2012 年第 2 期。

田鹏著：《新型城镇化进程中农村居家养老模式转型的实践逻辑》，《云南民族大学学报》（哲学社会科学版）2019 年第 2 期。

汪洋、范文鹏著：《民生型政府视阈下农村养老社会保障体系的构建》，《江苏大学学报》（社会科学版）2014 年第 2 期。

王冬雪、马梅著：《基于人口老龄化的中国农村养老资源供给评价》，《老龄科学研究》2015 年第 8 期。

王浩林、程皎皎著：《人口"空心化"与农村养老服务多元供给困境研究》，《河海大学学报》（哲学社会科学版）2018 年第 1 期。

王洪娜著：《山东农村老人入住社会养老机构的意愿与需求分析》，《东岳论坛》2011 年第 9 期。

王辉著：《农村养老中正式支持何以连带非正式支持？——基于川北 S 村农村互助养老的实证研究》，《南京社会科学》2017 年第 12 期。

王晶著：《农村市场化、社会资本与农民家庭收入机制》，《社会学研究》2013 年第 3 期。

王晶、刘彦喆著：《吉林省农村老年妇女生存现状调查与思考》，《人口学刊》2012 年第 2 期。

王俊文、文杨著：《我国农村养老服务需求现状及对策研究——基于江西赣州的调查》，《江西社会科学》2014 年第 9 期。

王俊文、杨文著：《我国贫困地区农村养老服务需求若干问题探讨——以江西赣南 A 市为例》，《湖南社会科学》2014 年第 5 期。

王立剑、金蕾、代秀亮著：《"多元共服"能否破解农村失能老人养老困境？》，《西安交通大学学报》（社会科学版）2019 年第 2 期。

王莉莉著：《中国老年人社会参与的理论、实证与政策研究综述》，《人口与发展》2011 年第 3 期。

王萍、王静、连亚伟、李逸明著：《农村老年父母家庭养老福祉，孰优孰劣？——15 年家庭结构变动的追踪研究》，《人口与经济》2019 年第 1 期。

王全美著：《经济发达与欠发达地区农村养老资源的优化配置》，《农村经济》2010 年第 11 期。

王全美、张丽伟著：《不同类型农民养老资源的最优配置分析》，《人口与经济》2010 年第 1 期。

王婷著：《政策工具的权变主义研究——基于农村社会养老保险政策的考察分析》，《社会科学》2018 年第 2 期。

王西云著：《浅议我国农村养老问题》，《中共郑州市委党校学报》2016 年第 5 期。

王小龙、兰永生著：《劳动力转移、留守老人健康与农村养老公共服务供给》，《南开经济研究》2011 年第 4 期。

王彦斌、杨学明著：《农村家庭养老责任人的制度支持要素及其功能》，《中国农业大学学报》（社会科学版）2018 年第 6 期。

王银秀著：《关注农村"空巢"家庭的养老问题》，《中国人口科学》2005 年第 1 期。

王跃生著：《中国家庭代际关系的理论分析》，《人口研究》2008 年第 4 期。

王跃生著:《中国家庭代际关系的维系、变动和趋向》,《江淮论坛》2011 年第 2 期。

王振军著:《农村社会养老服务需求意愿的实证分析——基于甘肃 563 位老人问卷调查》,《西北人口》2016 年第 1 期。

吴帆著:《中国养老资源供求状况与社会工作介入模式分析》,《人口学刊》2003 年第 7 期。

吴培材著:《照料孙子女对城乡中老年人身心健康的影响——基于 CHARLS 数据的实证研究》,《中国农村观察》2018 年第 4 期。

吴桂英、张书颖、张菡著:《社会资本视角下农村空巢老人精神养老问题探讨》,《中国社会工作》2018 年第 19 期。

吴海涛、宋嘉豪著:《农村留守老人养老模式选择及其影响因素研究——基于 CLHLS 数据的分析》,《华中农业大学学报》(社会科学版) 2017 年第 5 期。

吴愈晓著:《影响城镇女性就业的微观因素及其变化:1995 年与 2002 年比较》,《社会》2010 年第 6 期。

伍海霞著:《中国农村网络家庭中养老支持的趋势与变迁——来自七省调查的发现》,《中国农业大学学报》(社会科学版) 2016 年第 1 期。

武玲娟著:《农村老年人社区养老服务需求及其影响因素分析——基于第四次中国城乡老年人生活状况抽样调查山东省数据》,《山东社会科学》2018 年第 8 期。

夏玉珍、徐大庆著:《项目制下我国农村养老服务供给体制创新研究》,《广西社会科学》2015 年第 2 期。

肖雅勤著:《隔代照料对老年人健康状况的影响——基于 CHARLS 的实证研究》,《社会保障研究》2017 年第 1 期。

熊茜、李超著:《老龄化背景下农村养老模式向何处去》,《财经科学》2014 年第 6 期。

徐宏著:《中国农村人口养老责任观念及影响因素研究——基于 CGSS 2015 的实证分析》,《厦门大学学报》(哲学社会科学版) 2019 年第 3 期。

徐洁、李树茁、吴正、刘伟著:《农村老年人家庭养老脆弱性评估——基于安徽农村地区的实证研究》,《人口研究》2019 年第 1 期。

徐俊著:《我国农村第一代已婚独生子女父母的养老认识研究》,《华中科技大学学报》(社会科学版) 2016 年第 3 期。

徐小霞著:《介入与嵌入:社会工作在农村养老中的现实困境和策略研究》,《重庆工商大学学报》(社会科学版) 2011 年第 6 期。

许加明著:《"时间银行"模式应用于居家养老互助服务的思考》,《社会工作》2015 年第 1 期。

薛兴利、靳相木、刘桂艳著:《农村老年人口养老状况的实证分析》,《中国农村观察》1998 年第 2 期。

杨静慧著:《欠发达地区农村空巢家庭养老的困境与应对——兼论互助式养老的综合

效益》，《甘肃社会科学》2017 年第 6 期。

杨菊华、何炤华著：《社会转型过程中家庭的变迁与延续》，《人口研究》2014 年第 2 期。

杨善华著：《改革以来中国农村家庭三十年——一个社会学的视角》，《江苏社会科学》2009 年第 2 期。

杨勇刚著：《供给侧视角下的农村养老服务发展策略》，《河北大学学报》（哲学社会科学版）2017 年第 6 期。

姚引妹著：《经济较发达地区农村空巢老人的养老问题》，《人口研究》2006 年第 6 期。

姚兆余、陈日胜、蒋浩君著：《家庭类型、代际关系与农村老年人居家养老服务需求》，《南京大学学报》（哲学・人文科学・社会科学）2018 年第 6 期。

于长永著：《他们在担心什么？——脆弱性视角下农村老年人的养老风险与养老期望探究》，《华中科技大学学报》（社会科学版）2018 年第 1 期。

于长永、代志明、马瑞丽著：《现实与预期：农村家庭养老弱化的实证分析》，《中国农村观察》2017 年第 2 期。

张晨寒、李玲玉著：《时间银行：居家养老服务模式的新探索》，《河南师范大学学报》（哲学社会科学版）2016 年第 5 期。

张川川著：《子女数量对已婚女性劳动供给和工资的影响》，《人口与经济》2011 年第 5 期。

张川川、陈斌开著：《"社会养老"能否替代"家庭养老"？——来自中国新型农村社会养老保险的证据》，《经济研究》2014 年第 11 期。

张翠娥、杨政怡著：《新宗族背景下农村女儿养老何以可为》，《青年研究》2014 年第 4 期。

张娜、苏群著：《农村老年人居住意愿与社会养老服务体系构建研究》，《南京农业大学学报》（社会科学版）2014 年第 6 期。

张世青、王文娟、陈岱云著：《农村养老服务供给中的政府责任再探——以山东省为例》，《山东社会科学》2015 年第 3 期。

张悦玲、解聪著：《国外农村养老模式对我国的启示》，《中国社会工作》2017 年第 17 期。

张紫薇、张云英著：《社区"时间银行"养老服务模式的 SWOT 分析》，《社会福利》（理论版）2016 年第 9 期。

赵洁著：《乡村振兴战略下农村养老服务发展的实现路径》，《中国社会工作》2018 年第 26 期。

赵宁著：《社会资本视角下农村多元化养老模式研究》，《社会保障研究》2018 年第 2 期。

赵茜著：《实践与反馈：农村社会养老制度的适应性分析》，《云南民族大学学报》

（哲学社会科学版）2016 年第 1 期。

赵晓晗、陈亚辉著：《农村家庭养老功能弱化及其对策研究》，《齐齐哈尔大学学报》（哲学社会科学版）2016 年第 9 期。

赵晔琴、梁翠玲著：《融入与区隔：农民工的住房消费与阶层认同——基于 CGSS 2010 的数据分析》，《人口与发展》2014 年第 2 期。

赵志强著：《农村互助养老模式的发展困境与策略》，《河北大学学报》（哲学社会科学版）2015 年第 1 期。

曾红萍著：《家庭负担、家庭结构核心化与农村养老失范——基于关中 Z 村的调查分析》，《老龄科学研究》2015 年第 2 期。

郑秉文著：《改革开放 30 年中国流动人口社会保障的发展与挑战》，《中国人口科学》2008 年第 5 期。

郑观蕾著：《隔代照料者视角下的隔代照料——以广西富川瑶族自治县为例》，《云南民族大学学报》（哲学社会科学版）2017 年第 2 期。

钟涨宝、杨柳著：《转型期农村家庭养老困境解析》，《西北农林科技大学学报》（社会科学版）2016 年第 5 期。

周春芳著：《儿童看护、老人照料与农村已婚女性非农就业》，《农业技术经济》2013 年第 11 期。

学位论文

高青青著：《社区社会工作介入农村社区互助养老中的资源整合研究》，硕士学位论文，华中师范大学社会学院，2017 年。

李佳佳著：《社会支持理论视角下农村互助养老模式研究》，硕士学位论文，华东理工大学社会与公共管理学院，2017 年。

龙国良著：《我国农村养老保障制度路径选择及影响因素分析》，博士学位论文，中国农业大学经济管理学院，2014 年。

牛博杰著：《农村空巢老人互助养老方式可行性研究》，硕士学位论文，首都经济贸易大学劳动经济学院，2017 年。

王帆著：《农村养老模式选择及其影响因素分析》，硕士学位论文，武汉大学政治与公共管理学院，2017 年。

外文文献

L. Carrino, *Understanding Vulnerability and Patterns of Elderly - care in Europe*: *Essays on Formal and Informal Care*, *Multidimensional Measures of Vulnerability and Social Exclusion*, Venice: Cafoscari University of Venice, 2014.

D. Crooks, *Development and Testing of the Elderly Social Vulnerability Index (ESVI): A Composite Indicator to Measure Social Vulnerability in the Jamaican Elderly Population*, Miami: Florida International University, 2009.

C. Goldin, *Understanding the Gender Gap: An Economic History of American Women*, New York: Oxford University Press, 1990.

G. F. White, *Natural Hazards: Local, National, Global*, Oxford: Oxford University Press, 1974.

T. Bucher – Koenen & A. Lusardi, "Financial literacy and retirement planning in Germany", *Journal of Pension Economics and Finance*, Vol. 10, No. 4 (2011).

M. A. Davis, "Factors related to bridge employment participation among private sector early retirees", *Journal of Vocational Behavior*, Vol. 63, No. 1 (2003).

A. Gandjour, "Aging diseases—do they prevent preventive health care from saving costs?", *Health Economics*, Vol. 18, No. 3 (2009).

N. Heraty & J. McCarthy, "Unearthing psychological predictors of financial planning for retirement among late career older workers: Do self – perceptions of aging matter Work", *Aging and Retirement*, Vol. 1, No. 3 (2015).

D. A. Hershey, K. Henkens & H. P. Van Dalen, "Aging and financial planning for retirement: Interdisciplinary influences viewed through a cross – cultural lens", *The International Journal of Aging and Human Development*, Vol. 70, No. 1 (2010).

K. Karl, E. David & D. V. Stanley, "The role of job – related rewards in retirement planning", *Journals of Gerontology: Psychological Sciences*, Vol. 56, No. 3 (2001).

C. L. Kemp, C. J. Rosenthal & M. Denton, "Financial planning for later life: Subjective understandings of catalysts and onstraints", *Journal of Aging Studies*, Vol. 19, No. 3 (2005).

S. Kim & D. C. Feldman, "Working in retirement: The antecedents of bridge employment and its consequences for quality of life in retirement", *Academy of management Journal*, Vol. 43, No. 6 (2000).

H. Kiso & D. A. Hershey, "Working adults' metacognitions regarding financial planning for retirement", *Work, Aging and Retirement*, Vol. 3, No. 1 (2017).

J. L. Koposko, H. Kiso, D. A. Hershey & P. Gerrans, "Perceptions of retirement savings relative to peers", *Work, Aging and retirement*, Vol. 2, No. 1 (2015).

C. S. Leung & J. K. Earl, "Retirement Resources Inventory: Construction, factor structure and psychometric properties", *Journal of Vocational Behavior*, Vol. 81, No. 2 (2012).

P. Moen, S. Sweet & R. Swisher, "Embedded career clocks: The case of retirement planning", *Advances in Life Course Research*, Vol. 9, No. 9 (2005).

N. Maestas, "Back to work expectations and realizations of work after retirement", *Journal of Human Resources*, Vol. 45, No. 3 (2010).

S. E. Mock & S. W. Cornelius, "Profiles of interdependence: The retirement planning of married, cohabiting, and lesbian couples", *Sex roles*, Vol. 56, No. 11 (2007).

J. H. Noone, C. Stephens & F. M. Alpass, "Preretirement planning and well – being in later life: A prospective study", *Research on Aging*, Vol. 31, No. 3 (2009).

G. Topa, J. A. Moriano, M. Depolo, C. M. Alcover & J. F. Morales, Antecedents and consequences of retirement planning and decision – making: Ameta – analysis and model, *Journal of Vocational Behavior*, Vol. 75, No. 1 (2009).

M. Wang, "Profiling retirees in the retirement transition and adjustment process: Examining the longitudinal change patterns of retirees' psychological well – being", *Journal of Applied Psychology*, Vol. 92, No. 2 (2007).

责任编辑:周果钧

封面设计:徐　晖

图书在版编目(CIP)数据

农村互助养老模式研究/张岭泉 著. —北京:人民出版社,2021.8
　(2022.10 重印)
ISBN 978－7－01－023616－2

Ⅰ.①农…　Ⅱ.①张…　Ⅲ.①农村-养老-服务模式-研究-中国
Ⅳ.①D669.6

中国版本图书馆 CIP 数据核字(2021)第 145823 号

农村互助养老模式研究
NONGCUN HUZHU YANGLAO MOSHI YANJIU

张岭泉　著

人民出版社 出版发行
(100706　北京市东城区隆福寺街 99 号)

北京九州迅驰传媒文化有限公司印刷　新华书店经销

2021 年 8 月第 1 版　2022 年 10 月北京第 3 次印刷
开本:710 毫米×1000 毫米 1/16　印张:12
字数:150 千字

ISBN 978－7－01－023616－2　定价:49.00 元

邮购地址 100706　北京市东城区隆福寺街 99 号
人民东方图书销售中心　电话 (010)65250042　65289539

版权所有·侵权必究
凡购买本社图书,如有印制质量问题,我社负责调换。
服务电话:(010)65250042